AF618097

Ethik im Gesundheitswesen

herausgegeben von

Dr.in Ruth Baumann-Hölzle,
Interdisziplinäres Institut für Ethik im Gesundheitswesen der Stiftung Dialog Ethik, Zürich

Dr. Christiane Druml, UNESCO Lehrstuhl für Bioethik an der medizinischen Universität Wien

Prof. Dr. med. Georg Marckmann,
Ludwig-Maximilians-Universität München

Prof. Dr. Jean-Pierre Wils,
Radboud Universiteit, Nijmegen

Band 1

Jean-Pierre Wils | Ruth Baumann-Hölzle

Die normative Idee des Gesundheitswesens

Die Deutsche Nationalbibliothek verzeichnet diese Publikation in der Deutschen Nationalbibliografie; detaillierte bibliografische Daten sind im Internet über http://dnb.d-nb.de abrufbar.

ISBN 978-3-8487-3737-6 (Print)

ISBN 978-3-8452-8050-9 (ePDF)

1. Auflage 2019

„Demokratie umfasst auch ein Minimum an Brüderlichkeit.“
(Christoph Möllers)

Das heißt an Geschwisterlichkeit

Vorwort

Unlängst mussten in den Niederlanden zwei Krankenhäusern in Amsterdam und in Lelystad über Nacht ihre Pforten schließen – wegen Insolvenz. In einem der beiden Häuser wurden die Patienten und Patientinnen gezwungen, innerhalb eines Tages das Spital zu verlassen. Der Gesundheitsminister des Landes, Bruno Bruins von der konservativ-liberalen VVD-Partei („Volkspartij voor Vrijheid en Democratie"), der die angekündigten Sparmaßnahmen der Regierung in der Gesundheitspolitik der kommenden Jahren zu verantworten hat, zeigte sich völlig überrascht. Er sei aber, so Bruins, nicht dazu da, „Steine zu bewachen". Marktbereinigungen scheinen zu den inzwischen akzeptierten Steuerungsmechanismen im Gesundheitssektor zu gehören.

In Deutschland hat das Bundeskabinett ein Gesetz auf den Weg gebracht, das Kliniken mehr Geld und Personal verspricht, wenn sie sich stärker für die Organspende engagieren und von verbindlichen Verfahrensweisen und flächendeckenden Berichtssystemen Gebrauch machen. Der ärztliche Direktor des Uniklinikums Frankfurt, Jürgen Graf, moniert in diesem Zusammenhang, dass bereits die zur Identifikation eines Spenders gehörende Diagnostik völlig unterfinanziert sei und die Häuser die Frage stellen müssen, „was für einen Schaden oder Nutzen sie davon haben, wenn sie jemanden als potentiellen Spender ausmachen". Ein Krankenhaus sei in einem solchen Fall auf die Unterstützung der Deutschen Stiftung Organspende angewiesen: „In einem so betriebswirtschaftlich aufgezogenen Markt, wie es der Gesundheitsmarkt mittlerweile ist, ist das natürlich kein Anreiz."[1]

Die beiden kurz umrissenen Beispiele aus jüngster Zeit, die problemlos ergänzt werden könnten, zeigen auf eine manifeste Krise des Gesundheitswesens, die in Europa nahezu alle Länder erfasst hat. Marktmechanismen sind sogar dort, wo sie im Falle von Gesundheitsinstitutionen erheblichen staatlichen Regulierungen unterliegen, offenbar nicht in der Lage, moralische Verwerfungen zu vermeiden. Die ausschließlich betriebswirtschaftliche Ausrichtung von Krankenhäusern, die gleichsam als Modell einer effizienten und erfolgreichen medizinischen Versorgung gilt, funktioniert nicht. Wenn sogar in wirtschaftlich prosperierenden Zeiten die finanzielle

1 Frankfurter Allgemeine Zeitung, 4. November 2018, Nr. 44, S. 21.

Grundlage des Gesundheitswesens zu wünschen übrig lässt, dürfte klar sein, dass in Finanzkrisen eine Destabilisierung der medizinischen Institutionen billigend in Kauf genommen wird, sobald öffentliche Haushalte saniert werden müssen. Die dramatische Situation der Gesundheitswesen in Südeuropa nach der Finanzkrise von 2008 steht uns (hoffentlich) noch vor Augen. Die elementare Versorgung erheblicher Teile der Bevölkerung war nicht länger gewährleistet. An Krebs erkrankte Menschen teilten sich die Medikamente, weil sie sich diese alleine nicht mehr leisten konnten. Allerdings schneiden staatlich dominierte Gesundheitssysteme nicht „a priori" besser ab. Die National Health Service in Großbritannien befindet sich offenbar in einem kritischen Zustand: Finanziell unterversorgt ist das System nicht in der Lage, für eine ausreichende und flächendeckende Versorgung der Bevölkerung zu sorgen.

Im Vordergrund steht überall die Frage, was das Gesundheitswesen kosten darf. Und übereinstimmend wird die Warnung ausgesprochen, dass hier alsbald harte Rationierungsentscheidungen anstehen. Letzteres bedeutet nicht unbedingt, dass insgesamt weniger Geld zur Verfügung stehen wird. Wohl aber werden wir sagen müssen, wieviel Geld wir wofür ausgeben wollen. Das können wir jedoch nur beantworten, wenn wir wissen, was für eine Art Gesundheitswesen wir haben *sollten*. Wir dürfen das Pferd nicht von hinten aufzäumen, sondern müssen zuerst überlegen, was für ein Pferd wir benötigen. Das ist keine einfache Angelegenheit. Als Reiter ist einem bewusst, welche schlimmen Fehler man hier machen kann, wenn man nicht genügend nachdenkt und sich womöglich von dem guten Aussehen eines Tieres blenden lässt.

Die vorliegende Abhandlung stellt den Versuch dar, im Hinblick auf das Gesundheitswesen eine solche kritische Besichtigung und Reflexion anzustellen. Sie richtet sich in hohem Maße auf Kategorien, die unseres Erachtens eine zentrale Bedeutung im Gesundheitswesen haben, und versucht diese philosophisch zu konturieren. Wir tun das nicht in besserwisserischer Absicht, und wir behaupten auch keineswegs einfache Lösungen in unserem Rucksack zu haben. Wohl aber sind wir der Überzeugung, dass gesundheitspolitische Maßnahmen und erst recht gesundheitsökonomische Gesichtspunkte das Nachdenken über die Angemessenheit eines Gesundheitswesens nicht monopolisieren dürfen.

Jean-Pierre Wils/Nijmegen, Ruth Baumann-Hölzle/Zürich
im Frühjahr 2019

Inhaltsverzeichnis

I. Prolegomena zu einer normativen Idee

Die Philosophie und die Sozialethik befassen sich eher selten mit Fragen, die das Gesundheitswesen als eine gesellschaftliche Primärinstitution betreffen, und wenn sie das tun, geschieht das meistens nur am Rande. Sogar die Medizinethik bleibt in dieser Angelegenheit zurückhaltend. Bio-medizinische Kontroversen ethischer Natur, die im Wesentlichen auf das Arzt-Patient-Verhältnis bezogen sind, haben dagegen seit Jahren Konjunktur: Von der Reproduktionsmedizin bis zur Sterbehilfe reicht das breite Spektrum. Das ganze Leben wird medizinisch und ethisch bedacht. Aber eine Diskussion über die Frage, welches Gesundheitswesen wir haben können und sollten, findet kaum statt. Allzu schnell werden Debatten über die Grundausrichtung des Gesundheitswesens in die Gesundheitsökonomie abgeschoben. Von dort ist dann der Weg zu ihrer Einkapselung in die Sprache der Finanzen und des Managements nicht weit. Neuerdings scheinen Themen wie die umfassende Digitalisierung[2] und der äußerst bedrängende Pflegenotstand am ehesten dazu geeignet, fundamentale Fragen, die das Konzept des Gesundheitswesens betreffen, erneut auf die Tagesordnung zu setzen. Nicht zuletzt hat der gewaltige ökonomische Druck, der auf den Gesundheitswesen lastet, einen Reflexionsschub ausgelöst, der in diese Richtung weist.

In der Realpolitik werden die Probleme häufig zerredet und durch Lobbyismus zerfleddert. Kaskaden kleinteiliger Reformen haben zu einer neuen Unübersichtlichkeit geführt. Experten gestehen gelegentlich, dass ihr Wissen auf Schein beruhen könnte, da ihnen Übersicht und Orientierung abhanden gekommen seien. Dabei sind nahezu alle Beteiligten der Meinung, dass das Gesundheitswesen sich in einer manifesten *Krise* befindet. Zu befürchten ist allerdings, dass diese Diagnose so ungefähr das einzige Einverständnis darstellt, das die Akteure verbindet. Nicht, *dass* es eine Krise gibt, sondern, *welche* Krise das Gesundheitswesen befallen hat, ist gänzlich strittig. Es sieht so aus, als seien es immer die Anderen, die für sie verantwortlich sind. Gelegentlich werden grundlegende Reformen angekündigt. Aber diese versanden seit Jahrzehnten unter den Wanderdünen politischer Koalitions- und Kompromissbildungen. Die Absicht, das Gesundheitswesens wirklich zu reformieren, scheint Resignation zu bewirken.

2 Vgl. Julian Nida-Rümelin/Nathalie Weidenfeld (2018); Shoshana Zuboff (2018).

Die diagnostizierte Abstinenz seitens der Philosophie und die der Sozialethik im Besonderen mutet eigenartig an. Gehört denn das Gesundheitswesen nicht zu den wichtigsten und gleichsam fundamentalen Institutionen unserer Gesellschaft? Gehören Gesundheitsfragen nicht zu den drängendsten Problemen der Bürger und Bürgerinnen und sind diese nicht auf funktionierende, aber auch auf gerechte Gesundheitsinstitutionen angewiesen? Tut sich in unserer Gesellschaft keine wachsende Kluft zwischen Gesundheitsgewinnern und Gesundheitsverlierern auf, die mit der Schere zwischen Reich und Arm korrespondiert?

Gewiss, das Gesundheitswesen ist im innersten Zuständigkeitsbereich der Politik angesiedelt, aber es erfreut sich dort offenkundig keiner großen Beliebtheit. Wer ein Gesundheitsministerium führt, wird wahlweise bedauert, mit Häme überzogen oder zieht offene Aggressionen auf sich. Jeder Neuling muss alsbald feststellen, dass er sich im Dauerbeschuss unterschiedlichster Interessen befindet. Bei der Gesundheitspolitik hat man es mit einem offenkundig reformresistenten oder gar reformfeindlichen Objekt zu tun. Diese Beobachtung steht, wie gesagt, in keinem Widerspruch zu dem permanenten Reformeifer, den man seit Jahren beobachten kann. Aber auch dieser führt ‚per saldo' zu einem Stillstand. Die Debatten drehen sich im Kreise. Was offenbar fehlt, ist ein *normatives* Modell, das uns eine versuchsweise Antwort auf die von uns bereits aufgeworfene Frage gibt, *welches Gesundheitswesen wir haben können und sollten*. Hier muss die Sozialethik ihre Stimme erheben. Aber ist sie überhaupt zuständig und auch fähig, einen eigenen Beitrag zu leisten?

Ihre Zuständigkeit kann schwerlich bestritten werden. Jedenfalls beansprucht die Sozialethik – anders als eine empirisch orientierte und analytisch angelegte Politikwissenschaft – Konturen einer Gesellschaft *in normativer Hinsicht* zu skizzieren. Ebenso schwer lässt sich leugnen, dass das Gesundheitswesen und mit ihm die Gesundheitspolitik tragende Pfeiler einer wohlfahrtstaatlich funktionierenden Gesellschaft sind. Das lässt sich am leichtesten an einem negativen Beispiel zeigen: Als Folge der Finanzkrise des Jahres 2008 und als Mittel, um die hochverschuldeten Eurostaaten des Südens zu sanieren – zu „gesunden" (sic!) –, wurden die Gesundheitsbudgets dort radikal gekürzt. In Griechenland beispielsweise erzwang die „Troika" einen Kahlschlag in Höhe von 40% dieses Budgets mit im Grunde völlig absehbaren Folgen für die Gesamtbevölkerung. Diese Staatssanierung auf Kosten des Gesundheitswesens *tötete* nämlich. Es ist kein Zufall, dass David Stuckler und Sanjay Basu in ihrem famosen Buch *The Body Economic* in diesem Zusammenhang von „Politics of Life and Death" sprechen. Die Umverteilung von Leben und Tod ist die unmittelbare Konsequenz einer schwerwiegenden Austeritätspolitik auf Kosten des Gesundheitswesens.

Man braucht aber nicht auf die großen Krisen zu schauen, um festzustellen, dass in den Gesundheitswesen gravierende Umschichtungen stattgefunden haben und weiter stattfinden. Um nur Wenige zu nennen: Marktförmige, wettbewerbliche Mechanismen sind immer stärker implementiert worden, Krankheitsrisiken privatisiert[3], Zuzahlungen erhöht. Darüber hinaus wurde „der Bedeutungszuwachs wettbewerblicher Regulierungsinstrumente", so stellt Thomas Gerlingen fest, „begleitet von einer Privatisierung von Versorgungseinrichtungen"[4]. Auf diesem Weg hat eine Marginalisierung sozialer, wohlfahrtsstaatlicher Politik zugunsten eines liberalen Modells stattgefunden, in dem private Zusatzvorsorge eine immer wichtigere Rolle spielt. Der Markt wird gleichsam als eine wichtige Instanz zur Lösung sozialer und gesundheitlicher Probleme empfohlen. Gesundheitsleistungen werden zu Produktenangeboten, die zunehmend kommerzialisiert werden. Eine Sozialethik, die zu solchen Themen wenig zu sagen hat, hat ihren Auftrag verfehlt.

Aber ist sie dazu auch fähig? Verfügt sie über ein Modell, das sich zur Grundlage der Debatte eignet? In welchem Maße hat sie die Ambition, sich in die Bereiche konkreter Anwendungen zu begeben und dort ihre Applikationen zur Diskussion zu stellen? Seit Jahren lässt sich beobachten, dass sich die Gesellschaftswissenschaften, von denen die Sozialethik einen nicht geringen Teil ausmacht, zunehmend aus den öffentlichen Debatten zurückziehen. Das mag verschiedene Gründe haben. Zum einen hat sich die Ideologie der *Alternativlosigkeit* in weiten Bereichen der Politik durchgesetzt. Angebliche Sachgesetzlichkeiten minimieren die Spielräume politischen Handelns, weshalb Allianzen von Expertenzirkeln mit politischen Entscheidungsträgern Formen republikanischer oder deliberativer Politik abzulösen beginnen. Wer wartet da noch auf Ratschläge einer normativen Politikberatung philosophischer und sozialethischer Abkunft?

Nur sie – jene Allianzen – sind scheinbar dem Handlungszwang und der erforderlichen Entscheidungsgeschwindigkeit gewachsen, die von den Sachgesetzlichkeiten verlangt werden. Grundsatzfragen verwirren angeblich nur und führen zu Zeitverlust. Und insofern die Sozialethik sich mit diesen Fragen befasst, stört sie, statt zu helfen. Vielleicht *lässt* sie sich aber nur ungerne stören. Die Gefilde der Akademie versprechen – auf den ersten Blick – eine attraktive, weil ungestörte Umgebung freier Reflexion, un-

---

3 Vgl. Deborah Lupton (2013).

4 Thomas Gerlinger (2013), S. 178; vgl. Nils Böhlke e. a. (2009).

behelligt von den Auseinandersetzungen im unruhigen Draußen. Die Selbstentmündigung der Politik – ihre Reduktion auf Krisenmanagement – widerspiegelt dann das selbstauferlegte Schweigen der Philosophie und der Sozialethik.

Dieses Schweigen hat jedoch andere Ursachen als beispielsweise bloße Bequemlichkeit. Universitäten und Hochschulen sind von exzessiven Exzellenzwettbewerben, von Ranking-Manien und unternehmerischen Transformationen befallen. In einer solchen Umgebung ist es riskant, das selbstangelegte Korsett sogenannter „strikter“ Wissenschaftlichkeit hin und wieder abzulegen und in die Welt „außerhalb“ zu intervenieren. Der Kanadische Autor und Philosoph John Ralston Saul spricht in diesem Zusammenhang von einem regelrechten Versagen der universitären Eliten, die sich an die Lage der Dinge weitgehend angepasst hätten. Sie befinden sich, so Saul, in der „Geiselhaft“ von Verwaltung und Interessengruppen und legen angesichts der gegenwärtigen und künftigen gesamtgesellschaftlichen Herausforderungen eine „unheimliche Stille“ an den Tag. Die Universitäten, so Saul, „verachten“ zum Teil „die Teilnahme an den öffentlichen Diskussion“, denn sie sind der Meinung, dass dies „unprofessionell“ und unwissenschaftlich sei, weil die Schlagkraft im wissenschaftsinternen Wettbewerb solchermaßen geschwächt werde.[5]

Diese Apathie gegenüber der politischen Öffentlichkeit schadet aber beiden – der Politik und der Universität. Die Politik weidet sich, wie bereits gezeigt, an ihrer eigenen Alternativlosigkeit und verkennt den nur noch schmalen Grad, der sie von ihrer Überflüssigkeit trennt. Die Universität hat ihrerseits aufgehört jene Fragen zu stellen, die seit alters zu ihrer eigensten Kultur gehören, wie Plìnio Prado moniert. Diese Fragen lauten: „Was wollen wir sein? Was sollen wir sein? Welches Leben wollen wir?“[6]

Genau das sind auch die Fragen, die in dieser kleinen Abhandlung im Hinblick auf das Gesundheitswesen gestellt werden. Auf sie müssen wir in Konturen – in *normativen* Konturen – eine Antwort geben. Letztere wird nicht die versicherungstechnischen und gesundheitsökonomischen Aspekte des Gesundheitswesens für sich reklamieren. Das wäre vermessen und gehört nicht zu unseren Aufgaben. Wohl aber hat sie ein normatives Modell zu skizzieren, worin die Idee einer *gerechten* und dem hohen Gut der Gesundheit angemessenen Institution vermessen wird. Sie geht demnach aus von dem Primat normativer Gesichtspunkte, wie sie so eindrucksvoll in den soeben zitierten Fragen von Plìnio Prado vorkamen.

---

5 John Ralston Saul (2008), S. 642ff.
6 Plinio Prado (2010), S. 11.

Wenn hier von Gerechtigkeit gesprochen wird, sollten wir eine Engführung vermeiden – die Reduktion auf die *Ethik*. Debatten um „health care", um „*just* health care", kennen wir vor allem aus jener Medizinethik, die auf die Arzt-Patient-Beziehung fokussiert ist. In diesem Fall hat man in der Regel medizinisch induzierte Handlungskonflikte vor Augen. Hinsichtlich der Zulässigkeit von umstrittenen medizinischen Interventionen werden dann ethische Gründe diskutiert oder wird die Qualität von Behandlungsprozessen diskutiert. Allokations- und Distributionsfragen spielen dort ebenfalls eine Rolle. Um diese und verwandte Probleme geht es hier nur am Rande. Jene Probleme zeichnen sich *innerhalb* des Gesundheitswesens ab. In der Sozialethik richten wir unser Augenmerk jedoch auf das Gesundheitswesen *als solches*, auf ein gerechtes Gesundheits*system* und nicht zuletzt auf die *Gesundheitsgerechtigkeit*, auf „*just health*" als eine gesellschaftliche Kategorie. Das Gesundheitswesen und die Gesundheitspolitik werden nun in ihren normativen Grundzügen skizziert. Gesundheit ist ein menschliches Gut, das weit über die Grenzen und Zuständigkeiten des Gesundheitswesens hinausgeht. Im Grunde steht hier die Frage im Vordergrund, *wie wir leben wollen*. Das Gesundheitswesen bildet gewissermaßen die Antwort ab, die wir auf diese Frage geben. Seine Kontur widerspiegelt das Gefüge jener Gesellschaft, die wir als die formgebende Umgebung unseres Lebens *wollen*.

Anders als in vormodernen Zeiten ist die Gesundheit zu einem dominanten Gut geworden. Das hat mit der *Reichweitenvergrößerung* unserer auf die Gesundheit bezogenen Handlungen zu tun: Medizinisch können wir immer mehr. Das ist begrüßenswert. Viele Krankheiten müssen nicht länger als schicksalsbedingt oder in frommer Gottergebenheit ertragen werden, weil keine Aussicht auf Besserung besteht. Während jahrhundertelang und gemessen an heutigen Interventionsmöglichkeiten vor allem Passivität, Ergebenheit, aber auch Angst vorherrschten, haben sich die Lebens- und somit auch die Gesundheitsbedingungen tiefgreifend, und zwar zum Positiven, verändert. Zu vermuten wären also Zufriedenheit und ein gewisses Maß an Beruhigung. Das Gegenteil ist der Fall.

In Gesundheitsangelegenheiten scheint sich ein hypernervöser Aktivismus ausgebreitet zu haben, der kaum noch zu bremsen ist. Gesundheitsängste haben nicht ab- sondern zugenommen. Gesundheit ist lediglich der Zustand *vor* der nächsten und vermutlich kurz bevorstehenden Krankheit. Die Fixierung auf Gesundheit lenkt uns nicht von der Krankheit ab, sondern fesselt uns umso fester an sie. Kaum einer unserer Lebensbereiche – vom Beruf bis zur Freizeit, von der Nahrung bis zur Kleidung, von den Sozialkontakten bis zu den intimen Liebespraktiken – ist nicht von einer Gesundheits- und Krankheitskodierung ausgenommen. Überall lauert das Verderben. Präventionsgeimpft wird von uns verlangt, dass wir *auf Schritt und Tritt* Krankheitsrisiken wehren und unsere Gesundheit optimieren. Aus diesem Grund hat der Geldwert der Gesundheit beträchtliche Dimensionen angenommen. Private Investitionen in die eigene Gesundheit haben mittlerweile gewaltige Ausmaße erreicht. Die pausenlose Eigenbetreuung in Gesundheitsangelegenheiten hat ihren Preis. Um diese Gesundheitsfixierung herum ranken sich enorme Geschäftszweige und Industrien, nicht zuletzt auch die Gesundheitsinstitutionen. Ihr ökonomisches Gewicht kann kaum überschätzt werden.

Als unmittelbare Folge dieser Entwicklung hat sich die *Wertung* von Gesundheit und Krankheit radikal verändert. Bis in das 18. Jahrhundert hinein war die Gesundheit eine pure *Überlebensangelegenheit*. Die Gesundheit war jenes *Fehlen* gravierender Erkrankungen, das uns das Überleben ermöglichte. Krankheiten führten häufig schnell zum Tode, ihre Ab- und Anwesenheit galt als gottgegeben oder zufallsbedingt. Das Leben stand im Zeichen einer eher ohnmächtigen *Todesvermeidung*. Das menschliche Glück besaß ein rückwärtsgewandtes Profil: Wer rückblickend sagen konnte, mit dem Ärgsten während seines Lebens nicht oder nicht allzu oft konfrontiert gewesen zu sein, sprach davon, „Glück gehabt“ zu haben. Die ‚fortuna‘ dominierte, nicht das langewährende Wohlbefinden im Alltag. Glück glich der Abwesenheit von Negativem, und das bedeutete eigentlich die Abwesenheit von Schicksalsschlägen in der Gestalt von Erkrankungen, Unglücksfällen und Gewalteinwirkung.

In modernen Gesellschaften, erst recht in der Gegenwart, gehören Gesundheit und Krankheit dagegen zu entscheidenden Dispositionen für unser Glück. Sie gelten darüber hinaus als wichtige Faktoren für einen ökonomischen Erfolg in einem zutiefst wettbewerbsorientieren Milieu. Sie werden als Voraussetzungen betrachtet, die unsere ökonomischen Chancen schmälern oder erweitern. Vor diesem Hintergrund ist Gesundheit mittlerweile zu einem steigerungsfähigen und konkurrenzgeprägten Gut geworden. Wer im Konkurrenzkampf erfolgreich sein will, konkurriert *auch* um Gesundheit. Letztere ist ein Mittel zum Zweck geworden – zum Zweck eines erfolgreichen Lebens, das nicht zuletzt in monetären Kategorien gedeutet wird. Man kann nicht gesund genug sein, damit man über jene Robustheit verfügt, die im Kampf um ein solches Leben erforderlich ist. Wir sind deshalb immer nur „gesund auf Probe“ (Werner Bartels).

Es mag deshalb kaum zu überraschen, dass moderne Gesundheitswesen eine Dynamik entfalten und eine sämtliche Lebensbereiche erfassende Eingriffstiefe entwickeln, die nur sehr schwer für konzeptuelle Überlegungen zugänglich sind. Es ist kaum Zeit vorhanden, um die Frage zu stellen, *wozu ein Gesundheitswesen gut sei*. Man kann sich des Eindrucks nicht erwehren, dass die permanente Unruhe, die in unseren Gesundheitsinstitutionen vorherrscht, sich nicht nur schwer bändigen lässt, sondern auch nicht gebändigt werden sollte. Sie wird gerne als systembedingter Ausdruck einer permanenten Reform- und Optimierungsbereitschaft schöngeredet. Und zu groß scheinen die Zentrifugalkräfte im hyperkomplexen Knäuel von politischen Interventionen, ökonomischen Interessen, wissenschaftlichen und industriellen Rücksichten zu sein, als dass ein schwacher Konsens über die Grundidee eines Gesundheitswesens zu erreichen wäre. Es ist dann auch kein Zufall, dass die Stimme der Ärzteschaft und der Pflegenden kaum gehört wird.

Drei interdependente Tendenzen zeichnen sich mit aller Deutlichkeit ab. Da wäre an erster Stelle die wachsende *Individualisierung* von Gesundheitsrisiken und Gesundheitsfürsorge zu nennen. Es ist der Einzelne, dem die Gesundheitsverantwortung und Krankheitsprävention zunehmend und im Gleichschritt mit dem Abbau sozialstaatlicher Vorkehrungen überantwortet wird. Bürger und Bürgerinnen werden konfiguriert als Unternehmer ihrer Selbst – erst recht in Gesundheitsangelegenheiten. Sie gelten als „Lebensunternehmer“ (Ulrich Bröckling)[7], die bereits in ihren biographischen Anfängen und dann bis zu ihrem Ableben mit Gesundheitsimperativen politischer und ökonomischer Provenienz umgeben sind: „Das Ich kann sich nicht entlassen; die Geschäftsführung des eigenen Lebens erlischt erst mit dem Tod.“[8] In diesem Zusammenhang entsteht eine Optimierungsstrategie: „Lebensunternehmer“ haben sich der Marktlogik, jedenfalls der Marktrhetorik unterstellt und müssen ihr Leben so führen, dass es den marktlogischen Anforderungen entspricht. Gesundheit wird zum wichtigsten Mittel, dieses Lebensunternehmertum voranzutreiben.

An zweiter Stelle ist deshalb die scheinbar unaufhaltsame *Privatisierung* in den Gesundheitswesen zu nennen. Die Überführung von Krankenhäusern in private Hand schreitet umfassend voran und widerspiegelt die gerade skizzierte Individualisierung. Kliniken werden zu Wirtschaftszentren, die der Vorgabe der Gewinnmaximierung und den mit dieser *notwendig* zusammenhängenden Effizienzsteigerungen und Kostenersparnissen unterworfen sind. Mit dieser Tendenz geht bereits seit Jahren die Privatisierung von Krankheitsrisiken einher – beispielsweise durch die Einführung

7 Ulrich Bröckling (2007), S. 65.
8 Ebd., S. 67.

von Zusatzversicherungen, Wahltarifen und Rückerstattungsmodellen.[9] Diese Privatisierungstendenz beschränkt sich im übrigen nicht nur auf die privatwirtschaftlichen Einrichtungen, sondern betrifft in zunehmendem Maße auch die Hospitäler in öffentlicher oder kirchlicher Hand. In diesem Zusammenhang kann von einer *Ökonomisierung*[10] des Gesundheitswesens gesprochen werden – von der Vor- und Überordnung ökonomischer Erwägungen über medizinische Erfordernisse.

An dritter Stelle muss die *Sanierung* öffentlicher Haushalte mittels gravierender Kürzungen der Gesundheitsbudgets erwähnt werden. Stellvertretend seien hier erneut die im Anschluss an die Finanzkrise Griechenland auferlegten Kürzungen erwähnt, die zu einem veritablen Zusammenbruch des dortigen Gesundheitssystems führten. Die im Ausland tätigen griechischen Mitglieder der „Ärzte ohne Grenzen" wurden damals zurück in ihre Heimat befördert, weil sich dort die Verhältnisse im Gesundheitswesen inzwischen auf einem mit den Entwicklungsländern vergleichbaren, katastrophalen Niveau befanden. Längst bevor Kürzungen im Militärhaushalt auch nur angedacht werden konnten, war man bereits dabei, einen Geldtransfer zu*un*gunsten der medizinischen Versorgungsverhältnisse zu tätigen. Das Gut der Verteidigung wiegt deutlich schwerer als das Gut der Gesundheit. Wie gesagt – das Normengefüge der Privatisierung mit seiner Ausrichtung an der Verantwortung für die eigene Gesundheit und orientiert an den finanziellen Spielräumen des Einzelnen beschränkt sich nicht auf privatwirtschaftliche Einrichtungen. Auch öffentliche Einrichtungen werden in zunehmendem Maße mit Marktprinzipien konfrontiert, die in privaten Institutionen mit ihrer Gewinnerwartung auf einen breiten Konsens stoßen mögen, aber nur schwer auf öffentliche Institutionen übertragbar sind. Es gibt vielmehr erschreckende Beispiele, wie öffentliche Gesundheitswesen zugrundegehen – sei es durch Missmanagement, durch Geldknappheit oder durch ordnungspolitische Inkompetenz.

Der „British Dental Health Foundation" zufolge ziehen etwa 20 Prozent der Briten ihre Zähne selbst oder lassen die Prozedur im Freundeskreis erfolgen, weil die Wartezeiten im öffentlichen Gesundheitswesen zu lange sind, sie den dort fälligen Beitrag nicht errichten können und eine private fachärztliche Behandlung ihre finanziellen Möglichkeiten bei weitem übersteigt. Stattdessen wird hunderttausendfach auf die sogenannten

---

9 Vgl. Böhlke e. a. (2009).

10 Der Sprachgebrauch ist nicht einheitlich. Was wir *Ökonomisierung* nennen, heißt beispielsweise bei Matthias Kettner *Kommerzialisierung*. Vgl. Matthias Kettner (2010), S. 120.

„Dental First Aid Kits" zurückgegriffen, die im Internet oder in Drogerien angeboten werden. Diese wenige Euro teuren Pakete kosten nur ein Zehntel der Behandlung im öffentlichen Gesundheitswesen und enthalten Zahnzement, Desinfektionslösung und eine temporäre Krone, die bei der Eigenbehandlung ebenfalls zum Einsatz kommt. Whisky und Zangen sind ebenfalls hilfreich. Solche Zustände beschränken sich nicht nur auf die Zahnmedizin. Der legendäre NHS („National Health Service"), dessen Finanzierung in den Händen der Regierung liegt, befindet sich nach übereinstimmenden Quellen in einem letalen Zustand.

Offenbar haben wir es mit einem Steuerungsproblem zu tun – zumindest aus dem Blickwinkel sozialstaatlich erforderlicher Regulierungen. Wie lassen sich die relevantesten Institutionen des Gesundheitswesens – die ärztliche und pflegerische Versorgung, das Krankenversicherungswesen, die Krankenhäuser und die pharmazeutische Industrie – so gestalten, dass sie der Gesamtbevölkerung auf eine Weise zugutekommen, die nicht das Gefühl einer gravierenden Gerechtigkeitslücke entstehen lässt? Benötigen Einrichtungen, die ein zentrales Gut wie das der Gesundheit bewirtschaften, eine *normative* Idee, die in der Lage ist, diesen eine fundamentale Orientierung zu geben, die an den wesentlichen Kennzeichen *dieses* Gutes orientiert ist und sich der Selbstverständlichkeit, mit der marktwirtschaftliche Gesichtspunkte mittlerweile dominieren, widersetzt?

Eine solche Idee müsste in der Lage sein, den blinden Reformeifer mit seinen Kaskaden von Eingriffen und Gesetzesänderungen zu bremsen und die Grabenkämpfe von Politik und Interessenvertretungen zumindest in Umrissen zu befrieden. Dieses Unterfangen ist nicht leicht. Gesundheitssysteme unterliegen ebenso wie auch andere gesellschaftliche Institutionen dem Druck eines permanenten Wandels. Dieser Wandel hat mit Modernisierungsprozessen zu tun. Diese werden nämlich durch eine Dynamik gekennzeichnet, die Veränderungsnotwendigkeiten kreiert, bei denen man in aller Regel mit *keinem* der erzielten Ergebnisse zufrieden ist, weshalb immer neue Reformen – Reformreformen – erforderlich sind.

Die Kraft normativer Ideen ist begrenzt. Mit Blick auf die gewaltigen Interessen und die ökonomische Relevanz, die das Gesundheitswesen kennzeichnen, ist Naivität untersagt. Allerdings darf jene Kraft auch nicht unterschätzt werden. Überzeugungen normativer, also ethischer Art, entfalten in Krisensituationen eine eigene Dynamik. Das, was in Zeiten relativer Normalität als schwach erscheint, kann in solchen Situationen eine eigene Kraft erhalten. Genötigt zu einer reflexiven Pause besinnen sich die Beteiligten auf das, was sie als *wesentlich* für ein Gesundheitswesen betrachten, das den Sorgen und Nöten erkrankter Menschen *auf eine human adäquate*

Weise Rechnung trägt. Was dies bedeutet, also was es heißt, Kriterien einer solchen Humanität zu entwickeln, dürfte nicht einfach sein und geht vermutlich mit einem „Streit der Interpretationen“ (Paul Ricoeur) einher. Aber es ist keineswegs unmöglich, die Kontur einer solchen normativen Idee zu erarbeiten. Lediglich eines muss vorausgesetzt werden – die Bereitschaft, sich überhaupt auf normative Überlegungen einzulassen und diese nicht als einen erfreulich dekorativen, aber letztlich machtlosen Überbau zu betrachten.

Wenn wir von einer normativen Idee sprechen, müssen wir die Erwartungen gleichwohl eindämmen und vor Missverständnissen warnen. Eine solche Idee kann nicht reisbrettartig entworfen werden. Hier wird kein künftiges Haus in allen Details – von den Kellergewölben bis zum First – präsentiert. Es handelt sich vielmehr um Empfehlungen zur Gesamtarchitektur, um Vorschläge zur Zimmerverteilung und um Ratschläge zur Einrichtung. Dabei gilt es, zunächst auf die Umgebung zu achten. Normative Ideen entstehen nicht im luftleeren Raum. Die wenigen Hinweise dazu, die wir bereits in diesen Vorüberlegungen gegeben haben, müssen deshalb erweitert werden.

II. Sorge

Menschen werden in Abhängigkeit geboren und die allermeisten von uns verlassen das Leben auf vergleichbare Weise. In der Periode dazwischen werden sie mit zahlreichen Situationen konfrontiert, in denen das Angewiesen-sein auf Andere – sei es in der Verfolgung ihrer Lebensziele, sei es in der Suche nach Hilfe und Unterstützung – ein fundamentales Datum bleibt. Menschen sind, schreibt Martha Nussbaum, „zeitgebundene Wesen mit Bedürfnissen, die ihr Leben als Säuglinge beginnen und bis zu ihrem Lebensende häufig noch andere Formen der Angewiesenheit erleben". Wir befinden uns in „asymmetrischen Beziehungen".[11] Wir wären hilflos, wenn andere sich nicht um uns kümmerten und sich um uns sorgten in den zahlreichen Lebenslagen, in denen wir nicht Souverän unser selbst sind. Da gibt es welche, die um uns besorgt sind, die uns ihre Fürsorge zuteilwerden lassen und uns in all jenen asymmetrischen Situationen, in denen wir schwach und bedürftig sind, beistehen.

Diese Sorge ist ein *Urdatum*, eine *Urgegebenheit* – eine Gabe, die wir empfangen, und die uns verpflichtet, sie später wieder zurückzugeben, indem wir sie anderen zuteilwerden lassen. Es ist nicht schwer, in der Mutter-Kind-Beziehung das älteste Symbol oder den Archetypen für diese Art der Verantwortung zu sehen. Diese Beziehung ist „das Urbild aller Verantwortung [...] von Menschen für Menschen", meinte Hans Jonas. Die Verantwortlichkeit „folgt aus der Nicht-Autarkie des Menschen", aus seiner Abhängigkeit von Anderen. Und in der „Ur-Verantwortung der elterlichen Fürsorge hat [sie] *jeder zuerst* an sich selbst erfahren."[12]

Es entstehen solchermaßen gegenseitige Verpflichtungen. Es ist unsere Sorgebedürftigkeit, die uns veranlasst, auf die Verantwortung der Anderen zu hoffen. Und es ist *ihre* spätere Sorgebedürftigkeit, die irgendwann Gegenstand *unserer* Verantwortung sein wird. Die jeweilige Übernahme von Verantwortung geschieht nicht auf Augenhöhe. Wir treffen keine Absprachen darüber, welche Sorge wir einander genau schulden. Wir stehen schon immer in der Schuld Anderer. Aus diesem Grund haben wir Pflichten, ohne dass wir strikt genommen gefragt worden sind oder um Zustimmung gebeten wurden.

---

11 Martha Nussbaum (2010), S. 224.
12 Hans Jonas (1979), S. 184f.

Nicht geringe Phasen unseres Lebens verbringen wir überwiegend in einer Art *Passivität*, wir sind dort Empfangenden und noch nicht oder nicht mehr Gebenden. „Wir Menschen sind vielerlei Formen von Leid ausgesetzt", schreibt Alasdair MacIntyre, „und die meisten von uns werden irgendwann einmal von schweren Übeln heimgesucht. Wie wir damit umgehen, liegt nur zum Teil in unserer Hand. Wenn wir körperlichen Krankheiten und Schäden, ungenügender Nahrung, geistigen Defekten und Störungen, menschlicher Aggression und Vernachlässigung begegnen, verdanken wir unser Überleben, von unserem Gedeihen ganz zu schweigen, oftmals anderen Menschen. In der frühen Kindheit und im Alter wird es am deutlichsten, wie sehr wir für unseren Schutz und Unterhalt auf andere angewiesen sind. Zwischen dem ersten und dem letzten Lebensabschnitt jedoch leiden wir typischerweise für längere oder kürzere Zeit unter Verletzungen, Krankheit oder andere Beeinträchtigungen, manch einer ist sogar sein ganzes Leben lang behindert. Diese beiden, miteinander verbundenen Tatsachen, jene, die sich auf unsere Gebrechlichkeit und unser Leiden, und jene, die sich auf das Ausmaß unserer Abhängigkeit von anderen beziehen, sind fraglos von [...] einzigartiger Bedeutung."[13]

Offenkundig sind wir zeitlebens immer wieder *Patienten*, also Ertragende und Leidende, aus den Gefilden unserer Aktivitäten herausgefallen. Diesen Perspektivenwechsel zu vollziehen, ist dringend nötig, wenn wir über ein adäquates und normatives Modell des Gesundheitswesens nachdenken. Nicht zuletzt im Hinblick auf dieses ist Noam Chomsky der Meinung, dass wir die folgende Frage stellen sollten: „Was für Lebewesen sind wir?"[14] Diese anthropologische Frage führt uns zu unserem Lebensanfang.

Wenn wir Glück haben, fangen wir dieses als Beschenkte an. Wir kommen dann in den Genuss der Gabe der Sorge. Uns wird Sorge zuteil, weil wir gewissermaßen Notleidende sind, denn wir sind nicht in der Lage, für uns selbst aufzukommen. Wir sind Abhängige, und dies sind wir nicht nur am Anfang des Lebens, sondern zeitweilig auch in seinen verschiedenen Phasen und Abschnitten, erst recht an seinem Ende. Diese Situation, in der uns die Gabe der Sorge geschenkt wird, verlangt von uns eine Antwort. Wir treffen unvorbereitet auf eine Gabe, die uns gewährt worden ist. Deshalb dürfen wir auf den Appell, der von dieser Gabe ausgeht, nicht mit Gleichgültigkeit reagieren. Stillschweigend haben wir nämlich einen Vertrag, einen *existenziellen* Vertrag abgeschlossen, der das Versprechen enthält, die uns erteilte Gabe nicht unbeantwortet zu lassen.

13 Alasdair MacIntyre (2001), S. 12.
14 Noam Chomsky (2016), S. 145ff.

In einem hohen Maße ist die Rede von einem Vertrag natürlich eine *Metapher*[15] – ein Bild für die eingegangenen Verpflichtungen, die mit der Fragilität und Verletzbarkeit unserer Existenz zusammenhängen: Wir schulden einander Fürsorge und Zuwendung, weil wir selbst ohne diese uns geschenkten Sorgepraktiken nicht am Leben wären. Dieser Vertrag ist geradezu *unhintergehbar*, weil es uns ohne seine stillschweigende Gültigkeit nicht gäbe. Was wir einander schulden, lässt sich jedoch in diesem Falle – anders als in manch anderen Verträgen – nicht genau berechnen. Mathematische Genauigkeit wäre hier fehl am Platz. Eine Symmetrie des Wiedergebens wird nicht verlangt. Ebenso wenig wäre eine Liste, worin wir das Gewicht des Gebens und Nehmens genau dosierten, hilfreich. Die Sorge und ihr in metaphorischer Hinsicht vertraglicher Charakter sind dennoch eine ernste Angelegenheit. Zunächst geht es also lediglich um die Frage, als was für eine Art Menschen wir in den Praktiken und Institutionen des Gesundheitswesens vorkommen wollen. Wer sind wir, wenn wir uns ernst nehmen?

Der nordamerikanische Philosoph Harry G. Frankfurt hat sich ausführlich mit dieser Frage befasst.[16] Ihm zufolge sind beide Sachverhalte – die Haltung der Sorge und das sich selbst ernst nehmen – *gleichen Ursprungs*. Was heißt das? Uns selbst ernst nehmen setzt zunächst gewisse Fähigkeiten voraus. Es macht nämlich keinen Sinn, über den Ernst des Lebens zu sprechen, wenn wir nicht voraussetzen, dass wir über *Vernunft* verfügen und zur *Liebe* in der Lage sind. Ohne ein gewisses Maß an Liebe sorgen wir uns nicht und ohne Vernunft sind wir nicht in der Lage, uns ernst zu nehmen. Im Folgenden werden wir Frankfurts Gedanken kurz rekonstruieren, weil sie für das Thema der Sorge wichtige Konsequenzen haben.

Die Vernunft und die Fähigkeit zur Liebe sind menschliche Fähigkeiten, die wir schätzen. Wir brauchen sie, weil wir ein Leben führen möchten, das weder zusammenhanglos noch arm an zwischenmenschlichen Beziehungen ist. Ohne Reflexion, also ohne die Fähigkeit, ein *vernünftiges* Leben zu führen, wären wir nicht in der Lage, ein *kohärentes* Leben zu führen. Vernünftigerweise können wir nicht wünschen, dass wir ein Leben führen, das zusammenhanglos wäre. Frankfurt ist zu Recht der Meinung, dass diese Fähigkeit irgendwie ambivalent ist: Sie kann uns in unserem Tun und Lassen andauernd stören. Wir sind Selbstzweifeln ausgesetzt und Unsicher-

15 Vgl. Hermann-Josef Große Kracht (2005), S. 30ff.

16 Die folgenden Seiten zu Harry G. Frankfurt sind in einigen Teilen bereits publiziert worden. Diese Teile wurden hier überarbeitet und ergänzt. Siehe: Jean-Pierre Wils/Ruth Baumann-Hölzle (2013), S. 56ff.

heiten unterworfen. Allerdings wäre ohne jene Fähigkeit zur Reflexion keinerlei stimmiges Leben vorstellbar, denn wir wären unfähig, es als ein zusammenhängendes und nicht bloß loses Leben zu führen. Zugunsten eines solchen Lebens müssen wir allerdings – zumindest hin und wieder – *Gründe* angeben. Diese Gründe richten sich natürlich auch an andere, aber in erster Instanz wollen wir über unser Leben Rechenschaft ablegen *gegenüber uns selbst*. Sonst wäre es nämlich nicht *unser* Leben.

Unsere praktische Vernunft, die Freiheit unseres Willens, aber auch unsere Liebesfähigkeit hängen mit dieser Vernunftfähigkeit elementar zusammen. Entscheidungen wären unmöglich, freie Handlungen undenkbar, aber auch um Liebe bemühten wir uns vergeblich, blieben sie alle ohne jegliche Steuerung durch Vernunft. Die Selbstreflexion nämlich ist das Medium, in dem wir uns selbst identifizieren. Ohne sie wäre unsere Selbstidentifikation nicht möglich und nur solche Wesen, die zur *Selbst*identifikation fähig sind, können *Andere* lieben. Wesen ohne Vernunft mögen Mitglieder ihrer Gattung begehren oder gar in einigen Fällen mit ihnen in treuer Verbundenheit und lebenslanger Zuneigung zusammen sein. Lieben tun sie sich aber nicht. Sie *wissen* nicht, wer sie sind, *kennen* ihre Situation nicht und sind ihren Lebensumständen *verhaftet*. „Ohne unsere Reflexivität", beispielsweise, „könnten wir überhaupt keine Entscheidungen treffen. Eine Entscheidung zu treffen bedeutet, sich über die eigene Lage klarzuwerden. Das ist ein inhärent reflexiver Akt, in dem wir uns in bestimmter Weise zu uns selbst verhalten."[17]

In einem zumindest in seinen Grundzügen kohärenten Leben beziehen wir uns auf zwei zeitliche Dimensionen: Wir verhalten uns zu uns selbst in der *Jetztzeit* und zu uns selbst *bezogen auf die Vergangenheit und Zukunft*. Beide Male wollen wir in Übereinstimmung mit uns selbst leben. Sowohl in der Jetztzeit als auch mit Blick auf das Ganze unseres Daseins haben wir den Wunsch, ein kohärentes, ein zusammenhängendes Leben zu führen. Wir wollen unser Leben in einer „synchronen Kohärenz" und in einer „diachronen Kohärenz" verbringen. Die synchrone Kohärenz spielt sich in der Jetztzeit ab. Sie zeigt sich beispielweise in dem Gefühl der Selbstzufriedenheit, in dem momentanen Empfinden, dass wir im Einklang mit uns selbst leben. Das ändert sich aber, sobald wir uns um uns oder um jemanden *sorgen*. Nun schlüpfen wir aus der Jetztzeit heraus. *Sich um sich oder andere sorgen* heißt bei Frankfurt, über den Tellerrand des Jetzt hinauszuschauen und den Zusammenhang des ganzen Lebens in den Blick zu nehmen. Dies ist der Bereich der „diachronen Kohärenz".

---

17 Harry Frankfurt (2007), S. 28.

Wir können von dieser Perspektive nicht lassen, denn als reflexive Wesen *müssen* wir uns selber begreifen als Wesen, die „über die Zeit hinweg integriert“ bleiben wollen. Als Wesen, die sich ernst nehmen, sind wir nämlich unwiderruflich mit der Sorge konfrontiert, *wie* wir leben wollen. „Eine Person, die sich selbst ernst nimmt, fragt sich daher natürlich, wie sie dabei richtig liegen kann, und das führt dazu, dass sie sich den grundlegenden Fragen der Normativität stellt. Wie sollten wir bestimmen, um was wir uns sorgen sollen, wenn wir uns überhaupt um etwas sorgen sollen? Wodurch wird etwas wichtig für uns?“[18] Sich selbst ernst nehmen und sich sorgen sind gleichursprünglich, und es ist unsere Selbstreflexivität, die uns gleichsam zwingt, diese Haltungen einzunehmen und auf die in ihnen enthaltenen Fragen zu antworten.

Aber die Antworten stammen nicht in erster Instanz von der Vernunft. Es ist für Frankfurt nicht die Vernunft, die uns die Gründe für unsere Sorge und die Gründe für dasjenige, was in unserem Leben wichtig ist, liefert. Die Gründe der Vernunft sind nämlich unpersönlich. Sie gelten für alle, wenn sie denn Gründe der *Vernunft* sein sollen. Es ist vielmehr die Person selber *als* Person, die hier eine Antwort geben muss. Es sind *ihre* Sorgen, die als Gründe zählen.

> „In Wahrheit verhält es sich aus meiner Sicht so, dass Urteile darüber, ob etwas wichtig ist, nur in Urteilen darüber gründen können, um was oder wen sich Personen sorgen. Nichts ist einer Person wirklich wichtig, wenn es nicht einen Unterschied macht, um den sie sich tatsächlich sorgt. Wichtigkeit ist nie inhärent. Sie hängt immer von den Einstellungen und Dispositionen des Individuums ab. Wenn eine Person daher nicht weiß, worum sie sich *bereits* sorgt, kann sie nicht feststellen, worum sich zu sorgen sie Grund hat.“[19]

Dies ist ein äußerst wichtiger Gedanke. Die Sorge kommt offenbar zuerst. Sich-sorgen steht am Anfang all dessen, was uns wichtig ist. Als wir vorhin über das *Urdatum* und über das *Faktum* der Sorge gesprochen haben, war genau dies gemeint. Nichts in unserem Leben wäre wichtig, wenn dieses nicht bereits immer von der Sorge gekennzeichnet wäre. „Das Sich-Sorgen ist auf eine grundlegende Weise als eine Aktivität unverzichtbar, die uns mit uns selbst in Verbindung bringt und uns an uns bindet. […] Das Sich-

18 Ebd., S. 35.
19 Ebd., S. 39.

Sorgen um etwas ist wesentlich dafür, dass wir die Art von Wesen sind, die Menschen nun einmal sind."[20]

Die Sorge wird hier angemessen beschrieben als eine Art von Bindung, als eine substantielle Beziehung zu sich und zu anderen. Nur indem wir uns sorgen, wird die Welt für uns *bedeutend*. Sie geht uns an. Wir sind bezogen auf sie und einbezogen in ihr. Würden wir uns nicht sorgen, hätte die Welt keine Substanz. Die Sorge, die sowohl auf uns selbst als auch auf die Anderen bezogen ist, stattet die Welt mit Bedeutung aus. Nur wenn wir uns sorgen, entsteht zwischen uns und der Welt eine *Resonanz*. Uns ernst nehmen tun wir, sobald wir uns sorgen. Wir brauchen nicht erst Gründe zu *er*finden, damit wir uns sorgen. Die Sorge hat uns schon längst *ge*funden und sie ist es, die die Gründe gleichsam entstehen lässt. Bevor wir Gründe für unsere Sorge angeben können, sorgen wir uns bereits. Die Gründe kommen laut Frankfurt erst *danach*. Menschen, die sich ernst nehmen, *entdecken* gleichsam, dass sie sich bereits sorgen.

Die Ordnung der Sorge stellt somit eine Ordnung der *Tatsächlichkeit* dar. Anders formuliert: Wir *sind* sorgende Wesen. Wir sind anthropologisch gleichsam als sorgende Wesen *disponiert* – es sei denn, wir fangen an, uns nicht länger ernst zu nehmen. Wenn wir zur Sorge also bereits disponiert sind, liegt es, wie Frankfurt hervorhebt, nicht in unserem Belieben „um was oder wen wir uns sorgen sollten". Uns bleibt gewissermaßen nur übrig, diese Disponiertheit – die Tatsächlichkeit unserer Sorge – *anzuerkennen*. Gleichwohl können wir die Sorge vergessen. Das tun wir, wenn wir uns nicht länger ernst nehmen. Und an dieser Stelle taucht bei Frankfurt das erste Mal die Analogie mit der Liebe auf. Genauso wenig wie wir Gründe haben zu lieben, brauchen wir Gründe, um uns zu sorgen. Es verhält sich geradezu umgekehrt.

Die Liebe schafft Gründe, sich zu jemandem auf eine bestimmte Art und Weise zu verhalten. Die Sorge lässt Gründe entstehen, uns um uns und um andere zu kümmern. Alles, was wir *wollen* (das Volitionale), und alles, was wir *tun* (das Praktische), ist demnach verwurzelt in einer unhintergehbaren Struktur, für die wir nicht noch einmal Gründe liefern müssen, damit wir sie verstehen – in der Struktur der Sorge. „Die Maßstäbe der volitionalen Vernunft und der praktischen Vernunft gründen, soweit ich es erkennen kann, nur in uns selbst. Genauer: Sie gründen in den Dingen, bei denen wir nicht umhinkönnen, uns um sie zu sorgen und sie für wichtig zu halten. [...] Die Realität, die uns zwingt, bei Fragen der praktischen Normativität stets die Augen nach möglichen Korrekturen unserer Ansich-

---

20 Harry Frankfurt (2005), S. 23.

ten offenzuhalten, ist eine Realität, die in uns selbst liegt."[21] Und diese Realität ist keine andere als die Ordnung der Sorge, als die Sorge-um-sich, als die Haltung der Fürsorge und des Sich-Kümmerns um Andere.

Um was wir uns sorgen, ist sehr konkret. Ein Leben in Kohärenz führen zu wollen, heißt nämlich nichts anders, als sich um das *eigene* Weiterleben zu kümmern. *Zeitlich* fängt dies mit der Sorge Anderer um uns an: Die Eltern kümmern sich um das Weiterleben ihres Kindes. Später wird der Drang der Selbsterhaltung in uns so stark, dass wir uns *um uns* sorgen. In der Haltung der Sorge richtet das Leben sich auf seinen Fortbestand. Der Kummer um die Gesundheit und die Sorge, welche die Krankheit hervorruft, treiben uns an.

> „Der Wunsch weiterzuleben ist nicht nur universell. Er ist auch nicht auf anderes reduzierbar. Nur wenn unser prärationaler Drang, unser Leben zu erhalten, auf irgendeine Weise drastisch geschwächt wurde, verlangen wir Gründe dafür, es zu schützen. Ansonsten brauchen wir überhaupt keine Gründe. Unser Interesse an der Selbsterhaltung ist eine äußerst fruchtbare Quelle von Entscheidungs- und Handlungsgründen. Es beruht aber selber nicht auf Gründen, sondern auf Liebe." [22]

Frankfurt erinnert hier indirekt an die alte philosophische Unterscheidung zwischen der Selbstliebe („amour de soi") und der Eigenliebe („amour propre"). Während letztere auch als *selbstische* Liebe bezeichnet werden kann, muss man die Selbstliebe geradezu mit *Selbstsorge* übersetzen. Die Universalität der Selbsterhaltung ist deshalb ein Ausdruck der Universalität der Selbstsorge. Weil die Selbstsorge *zunächst* und *fundamental* auf unsere Selbsterhaltung gerichtet ist, können wir infolgedessen auch die Sorge um Andere *unmittelbar* verstehen als eine Sorge um deren Erhaltung. Wir brauchen keine Gründe, um diese Selbstsorge in uns zu wecken. Auch die Sorge um Andere und die Sorge der Anderen sind nicht auf Gründe angewiesen, damit sie nachvollziehbar werden, es sei denn, sie ist, wie Frankfurt es formuliert, „drastisch geschwächt". Selbstsorge und Fürsorge sind schon längst da, bevor wir nach Gründen für bestimmte Handlungen suchen, die wir in ihrer Spur und zum Zwecke der Ausgestaltung einer Lebensform, in der sie gedeihen können, zu verrichten haben.

Man könnte also von der *Grundlosigkeit* der Sorge sprechen. Weder unsere Selbstsorge noch die Sorge, die wir von Anderen empfangen und Ande-

21 Harry Frankfurt (2007), S. 51.
22 Ebd., S. 55.

ren schenken, brauchen demnach argumentativ demonstriert zu werden. Wir müssen nicht erst argumentativ *überzeugt* werden, dass wir für uns und für Andere sorgen müssen. Es sei denn, wir verstehen uns auf eine fundamentale Art und Weise *falsch*. Diese Verfehlung der Ordnung der Sorge lässt sich nicht auf ein kognitives Missverständnis reduzieren. Es handelt sich um keine Falschheit, die argumentativ korrigiert werden müsste. Wer die Ordnung der Sorge nicht versteht, wird auch die Argumente zu ihren Gunsten nicht begreifen, denn diese Argumente sind nur zugänglich, wenn man sie bereits verstanden hat, und zwar, *weil man sie in der Sorge um sich und um die Anderen bereits vollzogen hat*. Man kann aber sehr wohl sagen, dass jemand sich um Verkehrtes sorgt. Man kann der Ordnung der Sorge mit Gleichgültigkeit oder mit frivoler Sorglosigkeit begegnen. Der Appell, der von der Ordnung der Sorge ausgeht, kann überhört werden. Die Anerkennung, die diese Ordnung verlangt, lässt sich gleichwohl nicht mit Argumenten erzwingen.

Diese Anerkennung setzt nämlich menschliche Sensibilität voraus, ein Gespür für die *condition humaine*, die nicht unwesentlich aus Bedürftigkeit, Angewiesenheit und Verletzbarkeit besteht. Die richtige und die falsche Sorge unterscheiden sich dahingehend, dass sie diese Kondition anerkennen oder leugnen. „Es ist […] *nicht* möglich, dass eine Person, die sich nicht schon um *etwas* sorgt, Gründe entdeckt, die dafür sprechen, sich um irgendetwas zu sorgen. Niemand kann sich am eigenen Schopf aus dem Sumpf ziehen. Anders gesagt, die zentrale und wesentliche Frage, die sich mit Blick auf die Führung des eigenen Lebens für eine Person stellt, kann nicht die *normative* Frage danach sein, wie sie leben *soll*. Diese Frage kann sinnvollerweise erst dann gestellt werden, wenn vorher die *faktische* Frage geklärt ist, warum sie sich *tatsächlich* sorgt.“[23]

Wenn die Sorge nicht mittels Gründe demonstriert werden kann, sondern als *Faktum* vorausgesetzt werden muss, heißt das, dass die Situation der Sorge, in der Menschen sich befinden, und in diesem Zusammenhang die Bereitschaft, sich selbst ernst zu nehmen, die Grundlage bilden für all die normativen Fragen, wie wir leben *sollten*. Wenn die Grundlage fehlt, lassen sich solche Fragen vielleicht nicht einmal stellen, geschweige denn beantworten. „Wenn wir die Schwierigkeiten und Zweifel auflösen wollen, die mit der Klärung der Frage nach der Art des Lebens zu tun haben, sind nicht Gründe und Beweise das Grundlegendste, was wir brauchen, sondern Klarheit und Vertrauen.“[24] Die Klarheit, von der Frankfurt hier

23 Harry Frankfurt (2005), S. 33.
24 Ebd., S. 34.

spricht, betrifft die Gewissheit, dass das Leben eine Ordnung besitzt – die Ordnung der Sorge.

Das Vertrauen, von dem die Rede ist, betrifft die Verlässlichkeit der Beteiligten sowohl in den Nahverhältnissen als auch in den Institutionen, in denen Sorge empfangen und gegeben wird. Wer sorgebedürftig ist, muss sich auf Andere vertrauensvoll verlassen dürfen. Wenn die Asymmetrie in der Ordnung der Sorge unhintergehbar ist, weil sich hier Gebende und Nehmende, Schenkende und Empfangende begegnen, kann diese Begegnung nur in einer Atmosphäre des Vertrauens stattfinden. Dieses Vertrauen umfasst, wie gesagt, Praktiken der Sorge, die von den intimen Nahverhältnissen bis zu den Institutionen des Gesundheitswesens reichen. Letzten Endes handelt es sich deshalb bei der Sorge auch um ein *Politikum*, denn die Sorgeverhältnisse im intimen Umfeld gedeihen nur in Kontexten, die weit über diese Intimität hinausweisen – in *Institutionen* der Sorge, in unserem Fall in Institutionen des Gesundheitswesens.

Wie wir später noch sehen werden, verlangt dieses *Politikum* der Sorge nach einer „Politik der Freundschaft". Wenn die Ordnung der Sorge uns Menschen auf eine fundamentale Weise moralisch disponiert, werden auch die Institutionen, in den wir die Sorge organisieren, und die Institutionen des Gesundheitswesens im Besonderen, von einer solchen Politik der Freundschaft getragen werden müssen. Aber was meint „Freundschaft" in diesem Zusammenhang?

Frankfurt spricht im Zusammenhang mit der Sorge um sich und um die anderen häufiger von Liebe. Wer liebt, sorgt sich; wer sich sorgt, liebt. Wer sich um sich sorgt, liebt sich im Sinne der Selbstliebe („amour de soi"). Wer sich um Andere sorgt, steht zu ihnen in einem Verhältnis der Liebe. Das mag sich zunächst befremdlich anhören, denn ist Liebe keine zutiefst emotionale Kategorie, die darüber hinaus wesentlich auf wenige Andere bezogen ist? Dieses Befremden hat vor allem damit zu tun, dass *heute* für uns die Liebe tatsächlich ein solche Kategorie geworden ist: Liebe verstehen wir fast ausschließlich als *Passion*. Das war aber bis weit in die Moderne *nicht* der Fall. Um Missverständnisse zu vermeiden sollten wir deshalb im Kontext der Sorge-Problematik besser von „Freundschaft" sprechen statt von Liebe.

Allerdings muss man auch den Begriff der „Freundschaft" mit Bedacht verwenden. Nicht gemeint sind jedenfalls die *persönlichen* Freundschaften, die wir frei eingehen (und auch auflösen können). Freundschaft meint hier vielmehr die sorgende und freundliche Bezogenheit auf Andere. Man kann sogar auf diese Art und Weise auf sich selbst bezogen sein. Es macht Sinn, von einer Freundschaft mit sich zu sprechen. Es handelt sich mehr um ein

Haltung als um eine *Emotion*, mehr um eine *Konstellation* als um eine *Zuneigung*. *Diese* Freundschaft ist hier gemeint.

Frankfurt spricht in seiner Abhandlung über die „Gründe der Liebe" irgendwann von der Liebe als einer „interessenlose[n] Sorge". Wie gesagt, wir glauben, dass es adäquater wäre, hier von der Freundschaft als von der Liebe zu sprechen. Und wie bereits im Falle der Sorge ist Frankfurt auch an dieser Stelle sehr darum bemüht, der gängigen Auffassung, Liebe sei vor allem eine Gefühlsangelegenheit, zu widersprechen. Und selbstverständlich ist sie keine kognitive Angelegenheit: Von der Liebe kann ich mich (und andere) nicht mit rationalen Gründen überzeugen. Das war bereits im Falle der Sorge so. Auch diese lässt sich nicht auf eine kognitive Einstellung reduzieren.

Und ebenso wie bereits im Falle der Sorge ist auch die Liebe kein bloßes Gefühl. Wäre sie das, wäre eine ein Leben lang währende Liebe eine Seltenheit. Eine Liebe, die vor allem gefühlsabhängig ist, wäre vermutlich von kurzer Dauer. Die Sorge und – in unserem Falle – die Freundschaft sind also in ihrem Kern weder affektiv noch kognitiv. Deshalb kann man sie auch nicht in der Sprache der Emotionen und Gefühle angemessen beschreiben. Weder die Sorge noch die Freundschaft sind eine Angelegenheit des „Enthusiasmus". Sie sind vielmehr eine Frage des Willens. Sie sind „volitional", wie Frankfurt es nennt.

„Dieser Enthusiasmus ist nicht wesentlich. [...] Wie bei anderen Modi der Sorge geht es im Wesentlichen nicht um Affektives oder Kognitives. Es geht um Volitionales. Etwas zu lieben hat weniger mit dem zu tun, was eine Person glaubt oder fühlt, als mit einer Konfiguration des Willens, der es um die praktische Sorge geht, was für das geliebte Wesen gut ist."[25] Wenn wir dieses Zitat als eine Aussage über die Freundschaft lesen, dürfen wir letztere als ein „Modus interessenfreier Sorge" verstehen.

Unser Wille richtet sich auf das, was für das befreundete Wesen gut ist. Genau das meint „Sorge". Wir anerkennen, dass wir in Verhältnissen der Sorge leben, weshalb wir uns zu denen, die unsere Sorge benötigen, in einem Verhältnis befinden, das wir *freundschaftlich* nennen. Natürlich gibt es, wie wir vorhin angemerkt haben, persönliche Freundschaften, die von einer starken Affektivität durchdrungen sind. Die Sorge, die wir für Andere tragen, *kann* von einer großen emotionalen Nähe geprägt sein. Sie *muss* es aber nicht. Ist eine solche emotionale Nähe vorhanden, sollte man getrost von Freundschaft im personalen Sinne oder gar von Liebe sprechen. Aber die Sorge ist nicht *abhängig* von einem solchen Gefühl. Genau das

---

25 Ebd., S. 47.

macht ihren *moralischen* Charakter aus. Wir könnten sonst nicht zu Handlungen der Sorge für andere *verpflichtet* sein. Aber genau das sind wir. Die Ordnung der Sorge ist gewissermaßen objektiver, als dies Gefühle je sein können. Und gerade deshalb kann es auch eine „Politik" der Freundschaft geben, wie wir noch sehen werden. Das Gesundheitswesen ist aufgebaut auf der Ordnung der Sorge. Die „Politik" der Freundschaft liegt in ihrer Verlängerung.

III. Gesundheit

„Krankheit ist die Schattenseite unserer Wechselbeziehung mit der Natur. Sie gemahnt uns an die Alltäglichkeit des Todes, die Entbehrlichkeit des Einzelnen, an den Umstand, dass lebende Systeme rücksichtlos und unberechenbar sein können in ihrem Manövrieren." (Richard Mabey)[26]

Gesundheit und Krankheit sind – auf den ersten Blick – spiegelbildliche Begriffe. Wer über Gesundheit redet, setzt die relative Abwesenheit von Krankheit voraus. Umgekehrt gilt das Gleiche. Allerdings ist diese Symmetrie trügerisch. *Geredet* wurde historisch gesehen vorwiegend über Krankheit. Die Medizin war bis vor nicht allzu langer Zeit fast ausschließlich auf Krankheiten ausgerichtet, auch wenn sich seit dem 18. Jahrhundert eine frühe Form von Gesundheitspolitik abzeichnete. Nicht die Gesundheit stand im Mittelpunkt, sondern die Behandlung von Erkrankungen, so bescheiden die Mittel zu ihrem Erfolg auch sein mochten. Gesundheit war gewissermaßen eine Grenzkategorie, die Krankheit ihre *Negativität*, weshalb man von einem *negativen* Gesundheitsbegriff sprechen kann. Das Medizinsystem war ein Krankheitssystem. Begriffe wie „Krankenhaus" und „Krankenversicherung" legen auch heute noch Zeugnis von dieser Konstellation ab. Das hat sich mittlerweile geändert. Eine neue Asymmetrie zeichnet sich ab. Das „Gesundheitssystem" dominiert. Wie wir noch sehen werden, zeichnet sich ein *positiver* Gesundheitsbegriff ab. Aus diesem Grund ist es sinnvoll, wenn nicht gar nötig, zwischen einem „Medizinsystem" und einem „Gesundheitssystem" zu unterscheiden.

Gegenüber dem Medizinsystem mit seinem negativen Leitwert „Krankheit" gilt es, so Volker H. Schmidt, „für das mit einem positiven Gesundheitsbegriff operierende Gesundheitssystem, dafür zu sorgen, dass Lebensumstände geschaffen werden, die der Erhaltung der Gesundheit förderlich sind, die es möglichst vielen Menschen erlauben, ein Maximum an gesundheitlich unbeeinträchtigten Lebensjahren zu erreichen und damit auch das Medizinsystem auf Distanz zu halten, dessen Einsatzpunkt genau an jener Schnittstelle liegt, wo positive Gesundheit in negative Gesundheit umschlägt. [...] Dem entspricht eine Wirklichkeitsbetrachtung, die relevante Umweltausschnitte ausschließlich unter dem Aspekt ihrer Gesundheitszu- oder -abträglichkeit erfasst und auch einzig unter diesem Aspekt

26 Richard Mabey (2018), S. 58.

bewertet: Gut ist, was der Gesundheit nützt; schlecht, was ihr schadet. Die Kurzformel für diesen Modus der Wahrnehmungsfilterung lautet [...]: Vergesundheitlichung (‚healthicization')".[27]

Mit diesem Übergang von einem Medizinsystem zu einem Gesundheitssystem geht eine Transposition von einer auf Schadensbegrenzung und Schadensreparatur gerichteten Praxis auf eine gesundheitsförderliche und gesundheitsoptimierende Sichtweise einher. Gesundheit wird nun ein Leitbegriff und rückt in der Ordnung der Wertigkeiten ganz weit nach vorne. Ganz neu ist das nicht. Der französische Philosoph René Descartes, einer der Meisterdenker des 17. Jahrhunderts, gibt uns in einem der berühmtesten Bücher der Philosophiegeschichte, seiner „Abhandlung über die Methode" aus dem Jahre 1637, einen wichtigen Hinweis auf die neuerliche *Bedeutung* der Gesundheit. Im Zusammenhang mit seiner frohen Erwartung, die Wissenschaften werden sich in Zukunft allesamt zum Wohle der Menschheit entwickeln, wünscht sich Descartes „eine unendliche Zahl von Kunstgriffen, die uns ohne jede Mühe zum Genuss der Früchte der Erde und aller Annehmlichkeiten auf ihr verhelfen". An erster Stelle sollten die Wissenschaften allerdings sorgen „für die Erhaltung der Gesundheit, die ohne Zweifel das erste Gut und die Grundlage aller anderen Güter dieses Lebens ist".

Descartes war sich dessen bewusst, dass die Medizin seiner Zeit noch weit davon entfernt war, dies alles bewerkstelligen zu können. Aber immerhin wird hier – anders als in der theologischen und philosophischen Tradition vor Descartes – auf die grundlegende Bedeutung der Gesundheit hingewiesen. Dies konnte nur geschehen, weil ein Optimismus hinsichtlich der künftigen Behandlungsmöglichkeiten von Krankheiten im Keime vorhanden war. Was Gesundheit ist, bleibt bei Descartes jedoch im Ungefähren. Sie ist zwar ein ganz wichtiges Gut – „das erste Gut und die Grundlage aller anderen Güter des Lebens"[28] –, aber das, was wir meinen, wenn wir von Gesundheit sprechen, bleibt im Vagen. Wir müssen also zu allererst wissen, wie wir Gesundheit *deuten*. Was ist das überhaupt, was wir da *Gesundheit* nennen? Was meinen wir, wenn wir uns auf diese Leitkategorie beziehen? Wir wählen eine phänomenologische und eine hermeneutische Herangehensweise.

Unter *phänomenologisch* verstehen wir Folgendes: Auch wenn es schwer fällt, eine genaue Definition von Gesundheit zu geben, also zu sagen, *was* sie im Einzelnen beinhaltet, wissen wir doch relativ gut, *wie* Gesundheit

---

27 Volker H. Schmidt (2016), S. 18.
28 René Descartes (1960), S. 101.

zustande kommt. Es lassen sich eine Anzahl von Faktoren nennen, die Gesundheit bedingen. Wir glauben nicht, dass diese Faktoren Gegenstand einer erhitzten Debatte sind, aber vergessen oder ungenannt bleiben einige von ihnen sehr wohl. Sobald wir ohne ideologische Scheuklappen versuchen hinzuschauen und uns nicht gleich in einen Streit über Definitionen verheddern, fällt es keineswegs schwer, elementare Bedingungen für Gesundheit auszumachen. Genau das meinen wir, wenn wir diese Betrachtung phänomenologisch nennen: Sie stellt den Versuch dar, ohne Sichtblenden einen Sachverhalt zu beschreiben – das *Wie* der Gesundheit. Sobald wir eine solche Sehweise auf das Phänomen der Gesundheit anwenden, fällt alsbald ins Auge, wie einseitig oder gar ideologieimprägniert unsere Gesundheitsauffassungen sind.

Mit *hermeneutisch* meinen wir die Notwendigkeit, Gesundheit zu interpretieren: Diese stellt nämlich keinen simplen Sachverhalt dar, so als müsste man bloß auf sie zeigen. Das *Was* der Gesundheit ist keineswegs selbstverständlich. Die *Deutung* dessen, was wir Gesundheit nennen, hängt nämlich von unseren Interpretationen ab. Wie wir sehen werden, existieren zahlreiche Definitionen von Gesundheit, die allesamt Interpretationen sind. Sie reichen von naturalistischen bis hin zu normativen Konzepten. Dass die Gesundheit interpretationsabhängig ist, heißt aber keineswegs, sie sei ein beliebiges Konstrukt. An dieser Stelle genügt der Hinweis, dass eine Eingrenzung dessen, was wir *mit guten Gründen* als Kennzeichen von Gesundheit identifizieren können, sich argumentativ sehr wohl ausweisen lässt. Interpretationsabhängig bleibt das Vorgehen gleichwohl.

Aber im Vergleich mit der eher einfachen Phänomenologie des *Wie* der Gesundheit, muss die Hermeneutik, die Arbeit am Verstehen des *Was* der Gesundheit, mit deren Widerspenstigkeit rechnen. Das hängt zweifelsohne damit zusammen, dass wir die Gesundheit eigentümlicher Weise aus der Perspektive der Krankheit wahrnehmen. Diese kommt zu erst, das Nachdenken über die Gesundheit und damit auch eine Wahrnehmung dessen, was es heißt, gesund zu sein, kommt erst danach. „Die Grundtatsache bleibt“, so schrieb Hans-Georg Gadamer in seinem berühmten Essay *Über die Verborgenheit der Gesundheit*, „dass die Krankheit und nicht die Gesundheit das sich selbst Objektivierende, d. h. sich Entgegenwerfende, kurz, das Aufdringliche ist.“[29] Die Gesundheit nehmen wir gewissermaßen *durch die Krankheit vermittelt* wahr. Vieles, was wir über Gesundheit wissen, vor allem aber, wie wir sie werten, ist darüber hinaus kultureller Natur, also vermittelt durch Traditionen und Herkommen.

29 Hans-Georg Gadamer (1993), S. 137.

Das Wie der Gesundheit – über ihre Konditionen

Wenn wir über das „Gut“ der Gesundheit nachdenken, sind also die folgenden beiden Betrachtungsweisen wichtig. Wir fangen mit dem *Wie*-Frage der Gesundheit an, denn diese ist, wie wir gleich sehen werden, keineswegs so schwer zu beantworten wie die *Was*-Frage. Wir richten uns im Folgenden also auf die *Bedingungen* der Gesundheit, auf ihre Konditionen. Hier zeigt sich, warum Gesundheit als ein vielfältig konditioniertes Gut betrachtet werden muss. In diesem Zusammenhang gilt es zu unterscheiden zwischen exogenen und endogenen Faktoren, die unsere Gesundheit bedingen, also zwischen äußeren Einflüssen, die unsere Gesundheit prädeterminieren, wozu wir auch ihre sozialen Determinanten rechnen, und solchen Faktoren, die mit unserer eigenen körperlich-geistigen Konstitution zu tun haben. Im Grunde existiert nur *ein* endogener Faktor.

Erstens: Unsere Gesundheit wird bedingt durch unsere genetische Ausstattung, also durch unsere bio-psychische Codierung, die in einem hohen, wenn auch nicht ausschließlichen Maße über unsere Befindlichkeit bestimmt. Diese ist von uns weder ausgesucht noch gewählt worden. Auch wenn das Maß der determinierenden Kraft des genetischen Programms im Einzelnen durchaus strittig ist (und dies vermutlich auch bleiben wird), fällt es doch schwer zu leugnen, dass Menschen aufgrund ihrer unterschiedlichsten und weitgehend nicht-korrigierbaren genetischen Vorabinformation ein jeweils andersartig gesundes oder gar krankes Leben führen werden. Inwieweit bei diesen erblichen Faktoren auch die äußeren Umstände, also die exogenen Einflüsse, eine wichtige Rolle spielen, ist im Einzelnen schwer zu sagen und Gegenstand epigenetischer Untersuchungen.

Zweitens: Auch wenn genetische Faktoren unsere Lebensführung prägen, muss letztere – also unser Lebensstil – bereits zu den exogenen Faktoren gezählt werden. Ob jemand übergewichtig ist oder unter hohem Blutdruck leidet, hat zwar häufig genetische Gründe, ist aber nicht selten dem eigenen Verhalten zuzurechnen, insofern dieses das Ergebnis auf eigener Initiative beruhenden Handelns darstellt. Niemand ist gezwungen, maßlos zu essen oder zu rauchen, wobei die Spielräume eigenen Entscheidens oftmals relativ eng sind.

Drittens: Menschen verdanken ihre Gesundheit der Sorge Anderer. Längst bevor wir uns um uns selbst kümmern und für unsere Gesundheit zuständig sind, haben andere das bereits für uns getan. In diesem Sinne ist uns Gesundheit buchstäblich geschenkt worden. Wir schulden sie einem Netzwerk von Personen, die uns auf dem Weg eines gesunden Lebens begleiten oder dies wenigstens ernsthaft versucht haben. Und zeitlebens bleibt unsere Gesundheit in ein solches Netzwerk eingebettet. Ohne die Anderen wären wir krank oder vermutlich nicht einmal mehr am Leben, gesund wären wir keinesfalls.

Viertens: Unglücke und Unfälle, Missgeschicke und Schicksalsschläge, die allesamt unsere Gesundheit dauerhaft gefährden oder diese gegebenenfalls ruinieren, gehören im Großen und Ganzen zu den Passiva unseres Lebens. Wir können sie nur in beschränktem Umfang beeinflussen. Ob wir gesund sind oder bleiben, hängt von einem Bündel von Geschehnissen ab, die wir erleiden. Wir verfügen nicht über sie, sie lassen sich von uns weder lenken noch verhindern.

Fünftens: Unseren Geburtsort haben wir nicht ausgesucht. Wir sind in eine Umgebung hineingeboren worden, deren Praktiken und Überzeugungen einen erheblichen Einfluss auf unsere Gesundheit ausüben. Dass das Leben höchst ungerecht sein kann – dieser so eingängige (und wahre) Satz bezieht sich auch auf unsere kulturelle Herkunft. Die kulturellen Prägungen unseres Lebens entscheiden auf eine entscheidende Art und Weise über die Qualität unserer körperlichen und seelischen Gesundheit. Sich diesem Einfluss entziehen zu wollen, fällt außerordentlich schwer.

Sechstens: Wie gesagt – unseren Geburtsort haben wir nicht ausgesucht. Die Umweltbedingungen, denen wir ausgesetzt sind, unterliegen nur zu einem eher geringen Teil der Beeinflussung durch den Einzelnen: Das Individuum als solches kann sie kaum ins Positive kehren. Das ökologische Gefüge unserer Lebensumstände übt aber einen enormen Einfluss auf unseren Gesundheitszustand aus. Mit Blick auf die Möglichkeiten einer eigenen Einflussnahme auf diese Umstände müssen wir feststellen, dass wir zwar nicht ohnmächtig, aber doch eher geprägt als prägend sind.

Siebtens: Die sozial-ökonomischen Verhältnisse, in denen wir unser Leben verbringen, sind prägend für unsere Lebenserwartung. Es gilt hier das eherne Gesetz, dass der Platz, den wir auf der Stufenleiter der sozialen Hierarchie einnehmen, über unsere Lebensdauer in einem erheblichen Maße mitentscheidet. Eine Zirkelstruktur der Bedingungen ist zu vermuten: Die ungleichen sozialen Verhältnisse lassen eine gesundheitliche Ungleichheit entstehen, die ihrerseits soziale Ungleichheit zur Folge hat. Darüber hinaus werden gesundheitliche Risikomuster häufig zwischen den Generationen weitergegeben. Mobilität auf der genannten Leiter ist natürlich vorhanden, aber sie ist ‚per saldo' vielerlei Beschränkungen unterworfen. Jene Stufenleiter scheint mittlerweile eher durchlässig nach unten als nach oben zu sein.

Achtens: Die Arbeitsumstände, in denen wir erhebliche Teile unseres Lebens verbringen, können unserer Gesundheit förderlich sein, müssen es aber keineswegs. Oftmals beeinflussen sie unsere Gesundheit negativ. Stress, Hetze und Beschleunigungsimperative, exorbitante Leistungsanforderungen (selbst- oder fremdinduziert), Erfolgszwänge, Flexibilisierungsideale und permanente Reformbereitschaft üben einen erheblichen Druck auf unsere Gesundheit aus. Die durch diese Faktoren bedingte Risikoverteilung fällt in der Bevölkerung zwar höchst unterschiedlich aus, aber die genannten Kennzeichen unserer beruflichen Existenz scheinen sich mittlerweile unaufhaltsam auf alle Berufe auszudehnen. Das größte Gesundheitsrisiko stellen jedoch prekäre Arbeitsverhältnisse und Arbeitslosigkeit dar. Sozialer Stress und Gratifikationskrisen sind in einem erheblichen Umfang gesundheitsgefährdend.

Neuntens: Der Bildungstand, über den wir verfügen, prägt unsere Gesundheit ausgesprochen nachhaltig. Informationen, die unsere Gesundheitskompetenz stärken, und eine gesundheitsförderliche Lebensweise sind erwiesenermaßen bildungsabhängig und somit sehr unterschiedlich verteilt. Vorsorge, die Beachtung von gesundheitlichen Faustregeln und die Vermeidung unnötiger Risiken – sie alle liegen in unseren Händen, vorausgesetzt, wir verfügen über den erforderlichen Wissensstand und sind motiviert und ausreichend willensstark, entsprechend zu handeln.

Zehntens: Die Qualität des jeweiligen Gesundheitswesens – die Standards der medizinischen Professionen, die Erreichbarkeit der Behandlungsorte und die Zugänglichkeit der dort erbrachten Leistungen, das Funktionieren der Bürokratie und das Maßhalten mit den Ressourcen – übt einen erheblichen Einfluss auf die Möglichkeit aus, ein gesundes Leben zu führen. Allerdings wird der Beitrag des Gesundheitswesens, so muss man hinzufügen, zur Gesundheit der Bevölkerung häufig überschätzt. „Der Arzt ist mitnichten der wichtigste Garant für die Gesundheit der Bevölkerung," schreibt Stefan Huster, „sondern in dem komplexen Gefüge von Sozialstruktur, Umweltbedingungen, Lebensführung, genetischer Disposition und medizinischer Versorgung eine eher marginale Größe: ein Rettungsschwimmer am Fluss, der (manchmal) ein Menschenleben rettet, wobei es doch darauf ankäme, die morsche Brücke zu reparieren, die überhaupt so viele Menschen in den Fluss hineinfallen lässt."[30]

Elftens: Die Kompetenz oder die Fähigkeit, gesundheitsschädliches Verhalten zu vermeiden und einen gesundheitsförderlichen Lebensstil an den Tag zu legen, liefert selbstverständlich einen wichtigen Beitrag zu unserer Gesundheit. Manifeste Risiken, insofern diese in Reichweite eigenen Handelns und Entscheidens liegen, lassen sich reduzieren oder eventuell gänz-

30 Stefan Huster (2011), S. 77.

lich abstellen. In einem gewissen Maße haben wir hier vor allem mit einem defensiven Verhalten zu tun – mit einer Vermeidungskompetenz. Darüber hinaus existiert natürlich auch ein offensives Verhalten – eine Steigerungskompetenz in Gesundheitsangelegenheiten. Es ist diese zweite Kompetenz, die heute eine enorme Bedeutung erhalten hat. Um eine etwas provozierende Formulierung zu benutzen: Menschen sind solange krank, bis sie gesünder nicht mehr werden können. Zu den Gesundheitsfaktoren bzw. zur Gefährdung der Gesundheit gehört allerdings auch und gerade die Maßlosigkeit der Gesundheitsfixierung.

Die genannten Bedingungen sind selbstverständlich interdependent. Sie bilden ein eng verknotetes Netz. Sie zeigen vor allem auf die vielfache *Konditioniertheit* unserer Gesundheit. Als Gesunde und Kranken befinden wir uns in einem komplexen *Abhängigkeitsgefüge*. Wir sind in einem eher bescheidenen Maße Akteure unserer Gesundheit. Auch wenn uns tagtäglich ein anderes Bild vorgegaukelt wird – das Bild des seine Gesundheit befördernden und für sie letztlich zuständigen Verantwortlichen –, hat diese Auffassung wenig mit den Realitäten zu tun, die über Krankheit und Gesundheit entscheiden. Natürlich können (und sollten) wir dazu beitragen, ein gesundes Leben zu führen. Aber dieser Aktivposten fällt vergleichsweise bescheiden aus. Wenn wir hier bereits darauf hinweisen, dass die Gesundheit ein *existenzielles* Gut ist, wird sofort deutlich, wie gering letztlich unser eigener Beitrag zu der *Qualität* dieses existentiellen Gutes ist. Weil dieses Gut existenzieller Natur ist, nennen wir das Gut der Gesundheit ein *konditionales* Gut: Mit einer beeinträchtigten Gesundheit wird das Leben schwer, schwerer jedenfalls als ohne gravierende Gesundheitseinschränkungen.

Es zeigt sich schon jetzt, dass das konditionale Gut der Gesundheit in vielerlei Hinsicht ein *konditioniertes* Gut darstellt. Gerade im Hinblick auf das wichtige existenzielle Gut der Gesundheit sind wir mithin höchst abhängig von Anderen und von Faktoren, die größtenteils außerhalb der *eigenen* Reichweite liegen. Unsere Gesundheit liegt jedenfalls nicht unbeträchtlich in den Händen Anderer. Damit hängt zusammen, dass Gesundheit *immer* ungleich ist. Das komplexe Bedingungsgefüge, das wir soeben in Augenschau genommen haben, macht gleiche Gesundheit zu einer Illusion. Diese Konstatierung befreit uns jedoch keineswegs von der Aufgabe, Gesundheitsgerechtigkeit anzustreben. Die sozialen Gesundheitsungleichheiten[31] wollen ausgeglichen werden. Damit befassen wir uns in einem späteren Kapitel.

31 Ebd., S. 60.

Aus all diesen Überlegungen folgt im Grunde nur eines: Unsere Gesundheit ist nicht selbstverursacht. Auch wenn die Höhe unseres Eigenbeitrags schwer zu beziffern ist – etliche Schätzungen gehen kaum über 15% bis 20% hinaus –, wird auf dem Hintergrund des soeben skizzierten Bedingungsgefüges deutlich, dass die populäre Behauptung, Menschen seien Gesundheitsagenten in eigener Sache, eine krude Ideologie darstellt. Auch wenn wir es anders wollten, bliebe beispielsweise der negative Einfluss sozial-ökonomischer Faktoren auf unser Verhalten in Gesundheitsangelegenheiten unverändert hoch. In politischer Hinsicht ist deshalb nur *eine* Schlussfolgerung möglich: Es braucht Kompensationen und Ausgleichsmaßnahmen, damit Gesundheit nicht ungerecht verteilt bleibt. Diese politische Aufgabe kann das Gesundheitswesen, nicht einmal die Gesundheitspolitik (im engeren Sinne), von sich aus kaum leisten. „Just health Care" reicht nicht aus, „just health" ist ebenso nötig. Das soziale Gefüge unserer Gesellschaften steht hier zur Debatte. Der Begriff der „Gesundheitswirtschaft" bekommt vor diesem Hintergrund eine zusätzliche Bewandtnis: Es sind nicht bloß die Institutionen des Gesundheitswesens im engeren Sinne, die eine richtige und gerechte Bewirtschaftung („just health care") benötigen, sondern das gesamte Sozialgefüge benötigt im Sinne von „just health" eine gerechte Bewirtschaftung. Tatsächlich handelt es sich hier um *normative* Fragen hinsichtlich der Art und Weise, wie wir die Gesundheits*politik* und in deren Spur das Gesundheitswesen konzeptualisieren *wollen*, *können* und *sollen*. Dies alles dürfen wir nicht auf Medizinethik oder „just health care"-Fragen reduzieren. Es ist mehr als das. Es geht nicht nur um eine Ethik des Gesundheitswesens, sondern um Gesundheitsgerechtigkeit, um „just health".

Zur Deutung der Gesundheit

Nachdem wir uns mit den Konditionen der Gesundheit befasst haben, kommen wir nun zu ihrer *Deutung*. Was es heißt, gesund zu sein, ist in vielerlei Hinsicht umstritten. Krankheit und Gesundheit scheinen relative Begriffe zu sein – abhängig vom subjektiven Empfinden, das seinerseits in nicht geringem Grade kulturbedingt ist. Ein solcher Relativismus muss unbefriedigend bleiben, denn ohne einen „overlapping consensus" ist eine Verständigung unmöglich und würden wir sämtliche Kriterien über Bord werfen. Der angelsächsische Sprachgebrauch gibt uns erste Hinweise auf das Spektrum, das zu berücksichtigen ist. Dort wird nämlich im Hinblick auf „Krankheit" unterschieden zwischen „disease", „illness" und „sickness".

Wenn von „disease“ die Rede ist, bezieht man sich auf die Krankheit als Sachverhalt, auf ihre objektive Dimension. „Illness“ dagegen meint das subjektive Empfinden des Kranken, dessen Selbstwahrnehmung, und ist also auf die Erfahrung des Krankseins bezogen, auf die subjektive Dimension. „Sickness“ richtet sich auf die soziale Rolle des Erkrankten bzw. auf seine Position im sozio-kulturellen Umfeld.[32] Hier steht die soziale Dimension im Vordergrund. Keine dieser Dimensionen darf vernachlässigt werden. Allerdings bereitet die Multidimensionalität des Krankheitsbegriffs nicht geringe Schwierigkeiten.

Weil Krankheit und Gesundheit in gewisser Hinsicht spiegelbildliche Begriffe sind, treffen die soeben genannten Unterscheidung auch auf den Gesundheitsbegriff zu: Die Gesundheit hat eine objektive, subjektive und soziale Dimension. Was zur Gesundheit zu zählen ist, kann nicht beliebig sein. Es existieren Kriterien, die auf die *Tatsächlichkeit* der Gesundheit bezogen sind. Ein gesunder Körper lässt sich von einem kranken Körper unterscheiden. Ob Menschen sich jedoch als gesund *empfinden*, braucht mit jener Tatsächlichkeit keineswegs übereinzustimmen. Und die *soziale* Wahrnehmung unserer Gesundheit ist in einem hohen Maße wandelbar. Für viele von uns ist Gesundheit mittlerweile nicht die Abwesenheit von Krankheit, sondern sogar eine *Steigerungsformel.* Letztere ist zutiefst soziokulturell geprägt.

An dieser Stelle ist es durchaus nützlich auf eine Asymmetrie hinzuweisen, die das Sprechen über Krankheit und Gesundheit kennzeichnet. Es fällt nämlich trotz der Spiegelbildlichkeit, die die beiden Begriffe so eng verschwistert, erheblich leichter, Krankheiten zu identifizieren als über die Bedeutung von Gesundheit zu reden. Krankheiten existieren in Hülle und Fülle, aber es existieren keine Gesundheit*en.* Fast hat es den Anschein, als sei Gesundheit eher ein Restbezirk, der übrig bleibt, wenn Krankheiten, die uns beeinträchtigen, sich vorläufig nicht zeigen. Man braucht allerdings nicht so weit zu gehen wie John Ladd, der Gesundheit und Krankheit als *kategorial* verschieden bezeichnet, so dass Krankheitsindikatoren und Gesundheitsindikatoren gewissermaßen unterschiedlichen Sphären angehören.[33] Das ist nämlich kontraintuitiv. Aber die Asymmetrie bleibt. „Etwas ist gesund, wenn es diffus bleibt“, schreibt der Soziologe Armin Nassehi. Schauen wir uns einige Gesundheits- und Krankheitsdefinition an.

---

32 Vgl. Thomas Schramme (2008).

33 John Ladd (1988), S. 277.

Die berühmte und berüchtigte Bestimmung der WHO, der zufolge die Gesundheit „a state of complete physical, mental and social well-being and not merely the absence of disease and infirmity" sei, lässt sich als eine *ideale* Definition bezeichnen. Dass man Gesundheit nicht bloß als Abwesenheit von Krankheit verstehen möchte, ist zunächst nachvollziehbar. Gesundheit empfinden wir – Zeitgenossen moderner Wohlfahrtsstaaten – nicht bloß als Abwesenheit eines sie bedrohenden Zustandes, sondern als eine positive Gegebenheit, als ein Wohlfühlen oder als Zufriedenheit mit unserer körperlichen und seelischen Verfasstheit. Diese positive Befindlichkeit gehört zu einer minimalen Definition von Gesundheit.

Aber die WHO-Bestimmung stellt geradezu das Gegenteil einer solchen Gesundheitsdefinition dar. Sie bezweckt eine maximalistische Deutung und neigt zu einer völligen Überforderung.[34] Sie hat mit zwei gravierenden Problemen zu kämpfen. Sie ist in hohem Maße kontra-intuitiv: Niemand von uns kann sagen, was es heißt, in körperlicher, geistiger und sozialer Hinsicht „vollständig" („complete") gesund zu sein. Darüber hinaus lässt sie völlig im Ungefähren, wie man eine solche Vollständigkeit operationalisieren sollte. Was für Folgen für die Gesundheitspolitik müsste man beispielsweise aus dieser Definition ziehen? Würde diese unter dem Gewicht des Anspruchs nicht kollabieren? Ideale bzw. *maximalistische* Deutungen führen in die Irre.

Damit man der mit solchen gesundheitsidealen Definitionen verbundenen Pathetik entkommt, begibt man sich besser – gleichsam zur Ausnüchterung – auf das Terrain der Nosologie, also jener medizinischen Disziplin, die sich mit der systematischen Bestimmung und Einteilung von Krankheiten befasst. Erfolgversprechender scheint der Umweg über die Krankheiten als der Versuch, sich ‚intentio recta' auf die Gesundheit zuzubewegen. Nosologische Bestimmungen sind nüchterner Natur, gegebenenfalls allerdings auch sehr aufwendig. Schauen wir uns folgende Definition von Peter Hucklenbroich an.

> „Ein Vorgang (Zustand/Ereignis) ist krankhaft (pathologisch) genau dann,
>
> 1) wenn er bei natürlichem, unbehandeltem Verlauf unmittelbar zum vorzeitigen Tod oder zur Verkürzung der natürlichen Lebenserwartung des Betroffenen führt, oder
> 2) wenn er (unbehandelt) mit Schmerz, Leiden, Missempfindungen oder Beschwerden in körperlicher und /oder seelischer Hinsicht

34 Vgl. David Callahan (1988), S. 260f.

verbunden ist, wobei diese Zustände bestimmte natürlich vorgegebene (organismuseigene, ggf. kulturell-lerngeschichtlich überformbare) Normalbereiche oder Schwellenwerte bezüglich Intensität, Dauer und/oder Häufigkeit des Auftretens überschreiten, oder

3) wenn er das individuelle Risiko erhöht, dass ein Ereignis eintritt, das schon nach mindestens einem Krankheitskriterium (1-5) als krankhaft erkannt ist. *Insbesondere*: Jede spezielle (nicht universal vorhandene), organismuseigene Disposition zu einem Lebensvorgang, der unter ein Krankheitskriterium fällt (= Krankheitsdisposition), oder jeder spezielle Verlust einer universellen protektiven Disposition (= Behinderung), oder/und
4) wenn er (unbehandelt) die Unfähigkeit zur biologischen Reproduktion beinhaltet oder zur Folge hat, oder/und
5) wenn er das Fehlen bzw. den Verlust oder eine Einschränkung von Fähigkeiten beinhaltet oder zur Folge hat, die zum sozialen Zusammenleben a) universal (d. h. kulturübergreifend bzw. kulturunabhängig) oder b) kulturabhängig, aber intra-kulturell universell, notwendig sind.

Zusatzbedingungen: Alle fünf Kriterien gelten nur für Vorgänge, die

a) Merkmale des Organismus selbst und nicht seiner Umgebung sind,
b) Keine bewussten Erkenntnisse und Absichten und keine gewollten, intentionalen Handlungen sind, sofern Wahrnehmungs- und Erkenntnisfähigkeit, Wille und Handlungsfähigkeit nicht selbst erkannt sind, d. h. Vorgänge, die unabhängig von Einsicht und Wollen des Betroffenen bestehen bzw. ablaufen,

und unter der empirisch zu belegenden Voraussetzung, dass

c) es mindestens einen natürlich vorkommenden, bei dem Betroffenen grundsätzlich möglichen alternativen Lebensprozess bzw. alternativen Verlauf gibt, bei dem der fragliche Vorgang und seine Konsequenz (Tod, Leiden, …) nicht auftritt. Der Alternativverlauf darf natürlich seinerseits kein pathologischer Verlauf sein;
d) alternative Verläufe, die *nur* durch gezieltes, intentionales menschliches Handeln zustande kommen können, nicht in diesen Vergleich einbezogen werden (außer bei Erkrankungen von Erkenntnis- und Selbstbestimmungsfähigkeit."[35]

35 Peter Hucklenbroich (2012), S. 151.

Diese Definition ist außerordentlich beeindruckend (und schwierig). An dieser Stelle können wir sie im Detail nicht besprechen, aber eine genauere Lektüre macht uns darauf aufmerksam, dass der Versuch, eine möglichst lückenlose, also holistische Krankheitsdefinition zu entwickeln, immer wieder auf ihrerseits strittigen Annahmen beruhen wird. Dies betrifft in nicht geringem Maße den Kriterien 4 und 5, aber auch die Zusatzbedingungen dürften zu Kontroversen führen. Auch in Hucklenbroichs Definition stoßen wir auf objektive, subjektive und sozio-kulturelle Bestandteile.

Eine wichtige Unterscheidung hinsichtlich der Deutungen von Krankheit und Gesundheit ist die zwischen *naturalistischen* und *evaluativen*[36] Zugängen. Eine naturalistische Konzeption von Krankheit legt großen Wert auf biologische und funktionale Aspekte und zunehmend auch auf evolutionäre Gesichtspunkte.[37] Man kann diese Konzeption *bio-medizinisch* oder gar *bio-mechanisch* nennen.[38] In diesem Zusammenhang werden Krankheiten deskriptiv und empirisch konzeptualisiert und in aller Regel als Abweichung von einer statistischen Norm definiert. Vor allem die biostatische Theorie ist in diesem Zusammenhang einflussreich.

Im Vordergrund steht dabei das als „normal" bezeichnete funktionale Leistungsniveau eines Individuums. Eine signifikante Abweichung von diesem Niveau wird als „krank" bezeichnet. „The root idea of this account is that the normal is the natural. The state of an organism is theoretically healthy, i. e. freed of disease, insofar as its mode of functioning conforms to the natural design of that kind of organism."[39] Die Klassifikation von Krankheiten, also die Nosologie, basiert weitgehend auf empirischen Daten und deskriptiven Verfahren, obwohl dieses empirisch-deskriptive Ideal, wie wir gerade an der Definition von Hucklenbroich gesehen haben, sich kaum realisieren lässt. Das Modell geht jedenfalls davon aus, dass eine Krankheit objektivierbar ist, weil sie gleichsam unter Absehung von der erkrankten Person beobachtet werden kann. Krankheiten sind im Grunde genommen Defekte, die *auszuschalten* sind.[40] Wenn wir wissen wollen, was

---

36 Wir sprechen von einem „evaluativen" Krankheits- und Gesundheitsbegriff, damit der Einfluss von wertenden sozialen und kulturellen Faktoren auf die Wahrnehmung und das Empfinden dieser beiden Sachverhalte berücksichtigt wird. Oft wird in diesem Zusammenhang auch von einem „normativen" Gesundheitsbegriff gesprochen, der unserer Meinung nach aber zu sehr an Gesundheitsnormen als medikalisierende Idealvorstellungen appelliert.

37 Vgl. Randolph M. Nesse (2001).

38 Vgl. Chrisopher Boorse (1977).

39 Ebd., S. 57.

40 Vgl. Grace Budrys (2003).

„krank" oder „gesund" bedeutet, erhalten wir die nötigen Informationen aus einem „natural design", das auf Statistik und Empirie beruht.

Der Einfluss einer solchen naturalistischen Vorgehensweise ist außerordentlich groß und immer noch im Wachsen. Die Norm der *Objektivität* gewinnt hier eindeutig die Oberhand und scheint vor allem aufgrund der zunehmenden Dominanz genetischer Diagnostiken einen konkurrenzlosen Status zu erhalten. Krankheiten sind zu genetischen Defekten geworden. Thomas Lemke spricht in diesem Zusammenhang von einem „Diskurs der Defizienz": In diesem Zusammenhang etabliere sich nicht bloß eine nahezu objektivistische Sicht auf Krankheiten, sondern wandele sich auch die Medizin im Ganzen. Die Suche nach Biomarkern bei Krebserkrankungen beispielsweise führt zu einer sogenannten *personalisierten* Medizin.

> „Die fortschreitende Entschlüsselung des Genoms produziert immer mehr genetische Dispositionen, Mutationen und Krankheitsrisiken. [...] (Es) kommt zu einem radikalen Umbruch und einer Neudefinition des Krankheitsbegriffs. [...] Krankheiten werden immer mehr als genetische Normabweichungen identifiziert. [...] An die Stelle einer reaktiven Heilkunst tritt eine präventive und prädikative Medizin, die sich auf die aktive Verhinderung von Krankheiten spezialisiert und auf die Diagnose von Anlageträgerschaften, Anfälligkeiten und Dispositionen konzentriert. Der Rekurs auf genetische Erkrankungsrisiken ermöglicht es, den Krankheitsbegriff von seiner ‚archaischen' Zeichenbasis einer unsicheren Krankheits-Symptomatologie zu entkoppeln, um ihn auf das solide Wissen einer Bio-Informatik umzustellen. Dabei ist abzusehen, dass über die Kartierung und Sequenzierung des Genoms bald eine Taxinomie der Krankheit bereitgestellt werden könnte, die allein auf biochemischen Mechanismen und molekularen Zielbestimmungen beruht."[41]

In der Tat zeichnet sich im Zuge der Rückführung von Erkrankungen auf genetische Konstellationen eine reduktionistische Tendenz ab, die sowohl die Komplexität der Krankheitsursachen als auch die Subjektivität der Krankheitserfahrung in das technische Vokabular der Genetik zu überführen und somit einzuhegen versucht. Mit der präventiven und prädikativen Medizin, die mit dieser Entschlüsselung des individuellen Genoms einhergeht, zeichnet sich nicht nur eine personalisierte Heilkunde ab, sondern auch eine Ausdehnung der Krankheitssphäre auf nahezu alle Lebenspha-

---

41 Thomas Lemke (2000), S. 237f.

sen und Lebensbereiche. „Gesund“ wird dann zu einem Prädikat, das darüber hinwegtäuscht, dass die sich im Kommen befindende Krankheit lediglich noch nicht identifiziert worden ist. Die sich selbst zugeschriebene Gesundheit beruht auf einer tendenziellen Selbsttäuschung.

> „Genau genommen gibt es keine Patienten mehr; sie sind ‚wegrationalisiert‘ worden. Der Abschaffung des Patienten-Subjekts korrespondiert die Emanzipation der Krankheit von dem Kranken. Die Krankheit ist keine Krankheit ‚im klassischen Sinn‘ mehr. Sie wird von einer persönlichen Leidenserfahrung abgelöst und verweist weniger auf eine konkret erfahrbare körperlich-psychische Veränderung denn auf ein technisches Problem. Sie ist eine Funktionsstörung, die nicht mehr eine individuelle Pathologie signalisiert, sondern einen technischen Korrekturbedarf definiert. Wenn es aber keine Patienten mehr gibt, gibt es zugleich nur noch Patienten: Krankheit bezeichnet in der gentechnischen Perspektive nicht mehr nur einen begrenzten Ausnahmezustand, sondern wird zu einer normalen Behinderung. Im Hinblick auf die genetische Norm gibt es keine potenzielle Vollkommenheit, sondern nur noch ein konstitutives Defizit: *No body is perfect*.“[42]

Die naturalistische Konzeption richtet ihren Fokus somit vor allem auf das Erfassen der Krankheit und schweigt sich deshalb in hohem Maße aus über die Bedeutung der Gesundheit. Diese – die Gesundheit – wird zum Appendix des Krankheitsrepertoires. In ihrem engen Kokon bleibt wenig Platz übrig für die subjektiven Wertungen und die sozio-kulturellen Interpretationen, die nicht nur unsere Gesundheits- und Krankheits*auffassungen*, sondern auch unser Gesundheits- und Krankheits*empfinden* mitbestimmen.[43]

Eine nicht-naturalistische Konzeption enthält – implizit oder explizit – sozio-kulturelle und subjektive *Wertungen*, weshalb sie *evaluativ* genannt werden kann: Eine Person gilt hier als krank, sobald sie nicht in der Lage ist, ihre wesentlichen Ziele, ihre „vital goals“[44], zu realisieren. Gesundheit wäre dementsprechend „die Fähigkeit zum Erreichen selbstgesteckter Ziele für ein minimales Glück (minimal happiness)“[45] (Petra Lenz). Diese Ziele sind eingelassen in ein interpersonales Beziehungsgeflecht, das den Prozescharakter unserer Gesundheit bedingt. Gesundheit und Krankheit sind

42 Ebd., S. 238.
43 David Greaves (1996), S. 73.
44 Vgl. Lennart Nordenfeld (1997).
45 Petra Lenz (2011), S. 131.

demnach keine statischen Gegebenheiten, sondern eingebettet in ein dynamisches Umfeld: Die Art, wie wir unser Leben interpretieren und welchen Wertungen wir anhängen, entscheidet jedenfalls mit, ob wir uns als krank oder gesund empfinden. Wer sich beispielsweise sportliche Höchstziele setzt, wird seine jeweilige körperliche oder geistige Verfasstheit anders beurteilen als eine Person, deren Lebenserfüllung mit einer eher kontemplativen Tätigkeit wie dem Lesen von Büchern verbunden ist.

„Man ist gesund", so Klaus Michael Meyer-Abich, „wenn die Bedürfnisse erfüllt sind, die man mit einem sinnvollen Leben verbindet".[46] Die Wertungen, die wir im Hinblick auf unsere Gesundheit vornehmen, spielen demnach eine entscheidende Rolle, und diese sind ihrerseits Teil jenes größeren sozialen und kulturellen Ganzen, *in* dem wir unser Leben gestalten und *durch* das unser Leben gestaltet wird. Man kann H. Tristram Engelhardt jr. zustimmen, wenn er Gesundheit als „a general scheme for explaining, predicting, and controlling dimensions oft the human condition" betrachtet. „It grades into other concepts which are political, social, educational and moral"[47]. Ohne Bezug zu irgendwelchen Lebenszielen oder Wertungen lässt sich demnach die *richtige* Funktionsweise des Körpers und seiner Organe kaum bestimmen.[48]

Wenn wir über Krankheit oder Gesundheit reden, benötigen wir offensichtlich eine *integrative* Konzeption. Es macht wenig Sinn, naturalistische *gegen* evaluative Konzepte zu positionieren. Das kann aber nur gelingen, wenn man die reduktionistische Sicht, die in beiden Konzepten anwesend ist, vermeidet. Wenn wir die Prädikate „gesund" und „krank" benutzen, sind sowohl empirische („naturalistische") als auch evaluative („normative") Gesichtspunkte einzubeziehen. Alleine schon die Tatsache, dass eine Erkrankung eine *Störung* unseres subjektiven Befindens mit sich bringt, deutet darauf hin: Wir reagieren auf die Störung nicht, indem wir ausschließlich auf die Sprache der Empirie zurückgreifen, sondern indem wir auch evaluative Aussagen tätigen: Wir sind „bedrückt", „verängstigt" oder „traurig". Und über diesen jeweiligen Zustand hinaus hegen wir bestimmte Auffassungen darüber, was es *für uns* heißt, ein gesundes Leben zu führen.

Während die bloß empirische Betrachtungsweise demnach leicht zu einer zu *engen* Bestimmung von Krankheit und Gesundheit führt, leidet die evaluative unter einer anderen Tendenz – unter der Tendenz zur *Ausweitung* der Gesundheits- und Krankheitszonen. Unsere Wertungen im

---

46 Klaus Michael Meyer-Abich (2010), S. 444.

47 H. Tristram jr. Engelhardt (1975), S. 132.

48 H. Tristram jr. Engelhardt (1976), S. 257.

Hinblick auf das Kranksein müssen deshalb auf ein Leiden bezogen werden können, das sich – wie schwierig dies im Einzelnen sein mag – somatisch oder psychisch erhärten lässt. Krankheit wird sonst zu einer Einbildung. „Le malade imaginaire“ – der durch Einbildung Kranke“ – ist kein nachahmenswertes Beispiel.

Zwischen „gesund“ und „krank“ sind die Übergänge offenbar fließend. Wir brauchen also keine absolute, sondern graduelle Konzeptionen von Krankheit und Gesundheit. Diese gehen ineinander über. Wo die Gesundheit aufhört und die Krankheit beginnt, lässt sich demnach nicht immer messerscharf unterscheiden. Mit Blick auf bestimmte Funktionsfähigkeiten des Organismus, und also aus der Perspektive einer eher objektivierenden Annäherung, lassen sich auf einer Skala Stufungen oder Grade der Funktionsfähigkeit von Organen anbringen. Zwischen leichten, mittelschweren und gravierenden Erkrankungen kann sehr wohl unterschieden werden Diese objektivierende Sicht muss allerdings nicht immer mit der subjektiven Wahrnehmung einer Person übereinstimmen: Menschen *bewerten* ihre Lage oftmals nicht negativ, obwohl sie erkrankt sind, wobei auch das Umgekehrte zutrifft – sie bewerten ihre Lage negativ, obwohl sie, gemessen an ihren Gesundheitsdispositionen, im Grunde nicht krank sind.[49]

Damit wir in der Lage sind, diese letzte Feststellung überhaupt zu würdigen, sollten wir *Gesundheit* und *Wohlbefinden* unterscheiden. Die zitierte WHO-Definition macht eine solche Unterscheidung unmöglich: Wenn Gesundheit“ als „a state of complete physical, mental and social wellbeing“ beschrieben wird, scheint es völlig unplausibel, dass Menschen trotz einer Erkrankung sich – relativ – wohlfühlen. Ebenso unwahrscheinlich wird es dann, dass sie sich trotz Gesundheit unwohl oder gar unglücklich fühlen. Beides ist aber häufig der Fall.[50]

Wir müssen dem *Gradualismus* von Krankheit und Gesundheit Rechnung tragen. Ein solcher Gradualismus entspricht dem komplexen Charakter beider: Krankheiten haben einen naturalistischen Kern, den wir dementsprechend empirisch fassen müssen. Aber um diesen Kern herum befindet sich ein weites Spektrum von Wertungen, die subjektive wie sozio-kulturelle Anteile besitzen. Es sind vor allem die Aussagen, die Menschen über ihre Gesundheit tätigen, die einen zutiefst evaluativen Charakter aufweisen.

Vielleicht benötigen wir nicht einmal strikte Definitionen. So ist beispielsweise die offene Definition von Machteld Huber und Kollegen hilf-

---

49 Vgl. Stefan Huster/Thomas Schramme (2016), S. 45ff.
50 Lennart Nordenfelt (1997), S. 28.

reich. Gesundheit sei „the ability to adapt and to self manage, in the face of social and emotional challenges“[51] Wir haben also weniger mit einem Zustand als vielmehr mit einem Prozess zu tun, der sich auf einer Skala zwischen zwei Polen ansiedeln lässt – zwischen dem tiefen und irreversiblen Verlust der Fähigkeit, die Herausforderungen des Lebens zu bewältigen, und der großen Leichtigkeit, mit der das manchmal in einigen Phasen unseres Daseins gelingt. In aller Regel befinden wir uns irgendwo in der Mitte zwischen diesen Polen. Der Gradualismus ermahnt uns, die auf Eindeutigkeit angelegten und manchmal extremen Positionen zu vermeiden. Wir sollten das Leben nicht pathologisieren, aber sollten die Gesundheit ebenso wenig zu einem Wettbewerb stetiger Optimierung machen.

> „Es liegt eben im Wesen der Gesundheit“, schreibt Gadamer, „dass sie sich in ihren eigenen Maßen selbst erhält. Die Gesundheit lässt sich Standardwerte, die man auf Grund von Durchschnittserfahrungen an den Einzelfall heranträgt, als etwas Ungemäßes nicht aufzwingen. Mit Absicht gebrauche ich den Ausdruck ‚ungemäß‘, um bewusst zu machen, dass Regelanwendungen auf Grund von Messwerten nicht natürlich sind. Messungen, ihre Maßstäbe und die Maßverfahren bedienen sich einer Konvention, in deren Gefolge wir an die Dinge herantreten und sie der Messung unterwerfen. Aber es gibt auch ein natürliches Maß, das die Dinge in sich selbst haben. Wenn man Gesundheit in Wahrheit nicht messen kann, so eben deswegen, weil sie ein Zustand der inneren Angemessenheit und der Übereinstimmung mit sich selbst ist, die man nicht durch eine andere Kontrolle überbieten kann.“[52]

Man würde diese Sätze gründlich missverstehen, interpretierte man sie als Ausdruck einer Skepsis gegenüber der wissenschaftlichen Medizin. Gadamer spricht nämlich nicht über Krankheiten, sondern über den Zustand der Gesundheit. Es wäre absurd, die Bedeutung der Wissenschaft und also auch die Bedeutung des „Messens“, wie Gadamer das Verfahren der Wissenschaft zusammenfasst, zu unterschätzen. Wer das täte, geriete in die Fallstricke der Esoterik. Anthropologischer Art sind diese Sätze, weil sie von einem „natürlichen Maß“ ausgehen. Dieses Maß wird als „innere Angemessenheit“ und als „Übereinstimmung mit sich selbst“ charakterisiert. Nun könnte man an dieser Stelle einwenden, ein solches „Maß“ würde einer hemmungslosen Subjektivierung der Gesundheit Vorschub leisten. Dieser Gefahr baut eben die Qualifizierung dieses Maßes als *natürlich* vor. Dieses

---

51 Machteld Huber e. a (2001), S. 62.
52 Hans-Georg Gadamer (1993), S. 138f.

Maß ist eben *nicht* beliebig und unserer Subjektivität völlig anheimgestellt. „Natürlich" meint allerdings auch nicht empirisch. Es ist kein naturalistisches Prädikat. „Natürlich" bezieht sich auf Erfüllung elementarer und essentieller Bedürfnisse des Menschen.

Dieses sogenannte natürliche Maß erlaubt eine dreifache Abgrenzung. Erstens: Gesundheit steht in keinem Widerspruch zum Vorhandensein bestimmter Krankheiten. Ein gutes Leben sollte nicht mittels des Kriteriums maximaler oder totaler Gesundheit durchbuchstabiert werden. Dieses Kriterium bedarf dringend der Temperierung. Gesundheit kennt Stufungen und Grade und über das Mindestmaß wird Streit zu jeder Zeit vorhanden sein. Zweitens: Wenn Grundbedürfnisse nicht erfüllt werden und ein gutes, als sinnvoll erfahrenes Leben nicht mehr möglich ist, ist die Grenze dessen, was wir gesund nennen dürfen, erreicht. *Armut ist keine Krankheit, aber sie macht krank.* Drittens: Die Qualifizierung des Maßes der Gesundheit mittels der Prädikate „Angemessenheit" und „Übereinstimmung" warnt uns vor der Überdehnung der Gesundheitsforderung, vor deren Entgleisung angesichts hemmungsloser Steigerungsimperative. Die Temperierung der Gesundheitsforderung richtet sich auf ein Maß, dass wir allen Menschen in Aussicht stellen müssen. Es geht nicht um Steigerungsimperative sondern um Solidaritätsimperative.

IV. Patienten

Lob der Autonomie?

Kaum ein medizinethischer Begriff hat eine solche Karriere hinter sich wie die Patientenautonomie.[53] Sie ist – zu Recht – als wichtige *Emanzipationsformel* gewürdigt worden, denn mit ihr macht sich ein großer Abwesender in medizinischen Angelegenheiten bemerkbar: der Patient bzw. die Patientin. Vor dem Hintergrund einer als Paternalismus bezeichneten Haltung auf Seiten der Ärzteschaft war die Autonomie-Formel das Fanal einer Wende. Der Patient ist mündig *und autonomiefähig* geworden, hat seine Bevormundung abgelegt und ist vom passiven Behandlungsobjekt zu einem beteiligten Behandlungssubjekt geworden. Die Aufmerksamkeit ist nun auf den *Willen* des Patienten gerichtet.

Die Patientenautonomie ist aus den medizinethischen Debatten nicht mehr wegzudenken. Die beiden berühmten US-amerikanischen Medizinethiker Tom L. Beauchamp und James F. Childress hatten im Jahre 1977 in ihrem akademischen Bestseller „Principles of Biomedical Ethics" vier ethische Prinzipien unterschieden, die für das Gesundheitswesen fundamental sind: den Respekt vor der Autonomie des Patienten („Respect for Autonomy"), die Schadensvermeidung („Nonmaleficence"), die Verpflichtung zum Patientenwohl („Beneficence) und die Gerechtigkeit („Justice"). Das zweite und das dritte Prinzip gehörten seit jeher zum moralischen Kanon ärztlichen Verhaltens. Solange die medizinische Kunst nur eine geringe und oftmals gar problematische Wirkung erzielte, galt Vorsicht, also die Schadensvermeidung, als primäres Prinzip. Und sobald die Medizin erfolgreicher wurde und Zustandsverbesserungen realisieren konnte, war ein zweites Prinzip, das der Hebung des Patientenwohls, angesagt.

Die „Patientenautonomie" kam sehr spät hinzu und legte eine Erfolgsgeschichte hin, die dazu führte, dass sie alle Aufmerksamkeit auf sich zog, andere Wichtigkeiten zu absorbieren schien und zum Dreh- und Angelpunkt der medizinethischen Auseinandersetzungen wurde. Das vierte Prinzip – die „Gerechtigkeit" – kann auf eine solche Kariere nicht zurückblicken. Letztere blieb gleichsam das Mauerblümchen der Medizinethik. Und mit ihr wurde auch der Solidaritätsgedanke für lange Zeit marginalisiert. Ge-

53 Vgl. Franz von Kutschera (2016).

rechtigkeits- und Solidarfragen waren zweitrangig geworden. Natürlich hat das Gerechtigkeitsprinzip mit Diskriminierungsverboten und mit der fallbezogenen Distribution von Ressourcen zu tun, aber dieses ist ebenso auf das *System* der Gesundheitsversorgung bezogen. Letztere Perspektive bliebt im Hochbetrieb medizinisch-ethischer Reflexion nicht zuletzt deshalb eher unterbelichtet, weil hier eventuell unbequeme Antworten gegeben werden müssen, wie beispielsweise Ressourcen systemisch angemessen verteilt und medizinische Interventionen gegebenenfalls *begrenzt* werden können.

Die Autonomie-Ambivalenz – ein kleiner Exkurs

Die Karriere der Patientenautonomie war steil, fing aber erst sehr spät an. Sie erreichte die medizinethische Debatte erst in den sechziger Jahren des letzten Jahrhunderts. Das wichtigste Motiv hinter dieser Entwicklung war ein ärztliches: Angesichts der neuen Risiken, die mit bislang ungekannten Behandlungstechniken einhergingen, suchten die Mediziner nach einem juristischen Halt, nach der Vorab-Einwilligung des betreffenden Patienten mit dem Behandlungsverlauf und nach seiner geäußerten Akzeptanz hinsichtlich eventueller Komplikationen. Wenn wir allerdings den späteren Verlauf jener Karriere verstehen wollen, sollten wir auf eine Ambivalenz hinweisen, die dem Autonomie-Begriff seit seinen Anfängen kennzeichnet. Es lohnt sich, an die Ursprünge dieses modernen Begriffs zu erinnern.

Der Autonomiebegriff kennt gewissermaßen zwei Quellen – eine auf Immanuel Kant und eine auf John Stuart Mill zurückgehende –, die keineswegs in die gleiche Richtung fließen, ganz im Gegenteil. Kants Autonomiebegriff hat einen überdeutlich restriktiven oder *limitierenden* Charakter. Auch wenn Autonomie ihrem Wesen nach mit *Freiheit* verbunden ist, darf dies nicht zu der Ansicht verleiten, es handele sich im Falle Kants um die Erweiterung der Spielräume menschlichen Handelns. Für Kant sind Handlungen nur dann frei, wenn sie einem strengen Rationalitätskriterium standhalten. Ganz anders bei Mill: Autonomie heißt bei ihm *persönliche Selbstbestimmung* und hat bei diesem englischen Utilitaristen einen *lizenzierenden* Charakter. Mill zielt auf den Abbau von Handlungsrestriktionen, nicht zuletzt auf die Erweiterung unserer Freiheitsrechte im Umgang mit dem eigenen Körper und der eigenen Gesundheit.

Wenden wir uns zunächst Kant zu. Für ihn hat Autonomie kaum mit einem Streben der Person nach Entfaltung ihrer Handlungsmöglichkeiten zu tun. Autonomie ist auf den Willen bezogen und sagt etwas über dessen

Qualität aus – über seinen Vernunftcharakter. Nicht die Entfaltung der Persönlichkeit gemäß ihrer Präferenzen und auch nicht das Fehlen von Handlungshemmnissen sind hier gemeint, sondern die Unabhängigkeit der Person von ihren partikulären Motiven und Interessen als Vorbedingung moralisch adäquater Urteilsbildung. Nur wenn Letzteres gewährleistet ist, kann einem Handeln Rationalität und einem Willen Freiheit zugesprochen werden. Die berühmte Formel lautet: „Autonomie des Willens ist die Beschaffenheit des Willens, dadurch derselbe ihm selbst (unabhängig von aller Beschaffenheit der Gegenstände des Wollens) ein Gesetz ist. Das Prinzip der Autonomie ist also: nicht anders zu wählen als so, dass die Maximen seiner Wahl in demselben Wollen zugleich als allgemeines Gesetz mit begriffen seien."[54]

Mit „Beschaffenheit des Willens" ist gemeint, dass eine Person in der Lage ist, rational zu wählen, weil sie – in heutigen Kategorien ausgedrückt – *einsichts-, urteils- und entscheidungsfähig* ist. Rational heißt – im Ergebnis – zu wollen, was verallgemeinerungsfähig ist, also was dazu taugt, ein Gesetz zu sein. Wenn die Person eine solche Wahl trifft, ist letztere moralisch. Und weil diese Wahl unabhängig von bloß partikularen Antrieben oder Interessen stattfindet, gilt diese Person als frei. Autonomie ist also ein rationaler und ein moralisch qualifizierter Begriff. Autonome Handlungen sind demnach gerade nicht solche, bei denen der *bloße* Wille des Einzelnen mitsamt seinen Motiven und Präferenzen die Richtung anzeigt, sondern nur jene, die den Test der Verallgemeinerung bestanden haben. Handlungs*freiheit* und Handlungs*limitierung* widersprechen sich demnach für Kant nicht. Nur jene Handlungen finden aus freien Stücken statt, die nicht aus partikulären Antrieben, sondern aus verallgemeinerungsfähigen, rationalen und *gegen die Willkür gerichteten Gründen* geschehen.

Weil der Mensch wegen seiner Vernunftnatur in der Lage ist, gemäß jener Autonomie zu handeln, kommt ihm „Würde" zu. „Der Mensch und überhaupt jedes vernünftige Wesen *existiert* als Zweck an sich selbst"[55], und genau das macht seine Würde aus. „Autonomie ist also der Grund der Würde der menschlichen und jeder vernünftigen Natur."[56] Aus diesem Grund ist Kant der Meinung, dass jene Autonomie allen menschlichen Wesen *kategorisch* zukommt. Das heißt: Autonomie ist nicht abhängig von *tatsächlich* vorhanden Fähigkeiten, sie ist Ausdruck der Vernunftnatur des Menschen. Wir sind genötigt, Menschen wegen ihrer Würde als „Zweck an sich selbst"

---

54 Immanuel Kant (1965), AA 440.
55 Ebd., AA 428.
56 Ebd., AA 436.

zu behandeln. Seine Instrumentalisierung, seine Reduktion auf ein bloße Mittel zu fremden Zwecken, ist untersagt.

Mit diesem Verständnis von Autonomie hängt eine wichtige, aber erst später ausformulierte rechtliche Position zusammen, nämlich die Auffassung, dass Menschen fundamentale Abwehrrechte gegen paternalistische Übergriffe besitzen. Auch dort, wo Menschen *faktisch* – sei es vorübergehend oder dauerhaft – nicht autonom handeln können, sind sie aufgrund ihrer Würde so zu behandeln, als wären sie autonom. Demgegenüber steht die Auffassung, dass die Autonomie nicht kategorisch, sondern als *graduierbare* Fähigkeit[57] behandelt werden sollte. Wie wir gleich sehen werden, führt diese Auffassung zu erheblichen Differenzierungen.

In den Anfängen der neueren medizinischen Ethik, also seit den 1950er Jahren, stand zunächst das genannte Abwehrrecht ganz und gar im Vordergrund. Auf dem Hintergrund der Verbrechen des Nationalsozialismus wurde ein Prinzip benötigt, das die *Integrität* des Körpers zum Gegenstand hatte: Medizinische Eingriffe sind gemäß diesem Prinzip nur dann erlaubt, wenn eine Einwilligung der betreffenden Person vorliegt. Alles andere wäre eine Körperverletzung. Allerdings wurde zunächst vor allem mit dem Würde-Begriff argumentiert und nicht mit dem Autonomie-Begriff. Dieser schob sich erst in den Vordergrund, nachdem der Grundsatz der „informierten Zustimmung" („informed consent") Eingang in Bestimmung des Arzt-Patient-Verhältnisses gefunden hatte. Langsam in Vergessenheit geriet alsbald der strenge moralische Kader, den Kant der „Autonomie" hatte angedeihen lassen. Medizinische Eingriffe oder Behandlungen auf der Basis präferenzieller Überlegungen Einzelner lassen sich jedenfalls auf der Basis von Kants Auffassungen kaum rechtfertigen.

Ganz anders sieht die andere Autonomie-Tradition aus, die John Stuart Mill begründete. Dieser geht bekanntlich von einem diametral entgegengesetzten Moralprinzip aus – von dem Prinzip der *Nützlichkeit*. Es ist hier nicht der Ort, den Utilitarismus gegen seine simplifizierenden Interpretationen in Schutz zu nehmen. Wir konzentrieren uns auf den Kontrast zu Kant. Mill geht von der *sinnlichen* Beschaffenheit der menschlichen Konstitution aus, nicht von ihrer rationalen Natur. Für ihn muss deshalb kaum begründet werden, dass Menschen Schmerz und Leiden unter fast allen Umständen zu vermeiden versuchen. Auch für ihr moralisches Handelns steht diese – sinnliche – Triebfeder im Vordergrund.

---

57 Vgl. Beate Rössler (2017), S. 34f.

> „Die Auffassung, für die die Nützlichkeit oder das Prinzip des größten Glücks die Grundlage der Moral ist, besagt, dass Handlungen insoweit und in dem Maße moralisch richtig sind, als sie die Tendenz haben, Glück zu befördern, und insoweit moralisch falsch, als sie die Tendenz haben, das Gegenteil von Glück zu bewirken. Unter ‚Glück' [happiness] ist dabei Lust [pleasure] und das Freisein von Unlust und das Fehlen von Lust verstanden."[58]

Während Kant ein in den verschiedenen Versionen des Kategorischen Imperativs enthaltenes *formales* Moralprinzip handhabt, geht Mill von einem *materialen* Prinzip aus – von der Maximalisierung von Glück und Lust. Menschen sind quasi von Natur aus daran interessiert, ein angenehmes d. h. ein lustvolles und schmerzarmes Leben zu führen. Dabei wird Mill nicht müde zu betonen, „dass das Glück, das den utilitaristischen Maßstab des moralisch richtigen Handelns darstellt, nicht das Glück des Handelnden selbst, sondern das Glück aller Betroffenen ist. Der Utilitarismus fordert von jedem Handelnden, zwischen seinem eigenen Glück und dem der andern mit ebenso strenger Unparteilichkeit zu entscheiden wie ein unbeteiligter und wohlwollender Zuschauer."[59] Mill ist sich darüber im Klaren, dass die *bloße* Maximalisierung des eigenen Glücks zu unlösbaren gesellschaftlichen Konflikten führen muss, weshalb es der Korrektur durch die „strenge [..] Unparteilichkeit" bedarf.

Das Moralprinzip der Maximalisierung des Glücks erhält allerdings eine eigene Dynamik, sobald wir das für Mill so zentrale Autonomie-Prinzip einbeziehen. Wie bereits erwähnt, benutzt Mill in diesem Zusammenhang Begriffe wie „Freiheit" und „persönliche Selbstbestimmung", aber es sind gerade die mittels dieser Kategorien thematisierten Handlungs*berechtigungen*, also die Erlaubnisse, die heutzutage mit „Autonomie" vor allem assoziiert werden. Wie wir gerade gesehen haben, enthält das utilitaristische Moralprinzip eine über den Einzelnen hinausweisende, gesamtgesellschaftliche Ausrichtung. Der Einzelne befindet sich gleichsam – mit Anderen – auf dem Pfad der Nutzensteigerung. Dennoch sind die Restriktionen, die von dieser überindividuellen Perspektive, also von der Gesellschaft als Raum der Nutzenvergrößerung, ausgehen, ziemlich begrenzt. Der Einzelne besitzt einen vergleichsweise großen Radius zur Entfaltung seiner Freiheit. Diese kann nur dann limitiert werden, sobald Dritten ein Schaden zugefügt wird, so dass sie ihr legitimes Recht auf Selbstschutz mobilisieren

58 John Stuart Mill (1976), S. 13.
59 Ebd., S. 30.

dürfen. Wie lautet also der Grundsatz, der das Verhältnis zwischen Individuum und Gesellschaft ausbalanciert?

> „Dies Prinzip lautet: dass der einzige Grund, aus dem die Menschheit, einzeln oder vereint, sich in die Handlungsfreiheit eines ihrer Mitglieder einzumengen befugt ist, der ist: sich selbst zu schützen. Dass der einzige Zweck, um dessentwillen man Zwang gegen den Willen eines Mitglieds einer zivilisierten Gemeinschaft rechtmäßig ausüben darf, der ist: die Schädigung anderer zu verhüten. Das eigene Wohl, sei es das physische oder das moralische, ist keine genügende Rechtfertigung. Man kann einen Menschen nicht rechtmäßig zwingen, etwas zu tun oder zu lassen, weil dies besser für ihn wäre, weil es ihn glücklicher machen, weil er nach Meinung anderer klug oder sogar richtig handeln würde. Dies sind wohl gute Gründe, ihm Vorhaltungen zu machen, mit ihm zu rechten, ihn zu überreden oder mit ihm zu unterhandeln, aber keinesfalls, um ihn zu zwingen oder ihn mit Unannehmlichkeiten zu bedrohen, wenn er anders handelt. Um das zu rechtfertigen, müsste das Verhalten, wovon man ihn abbringen will, darauf berechnet sein, anderen Schaden zu bringen. Nur insoweit sein Verhalten andere in Mitleidenschaft zieht, ist jemand der Gesellschaft verantwortlich. Soweit er dagegen selbst betroffen ist, bleibt seine Unabhängigkeit von Rechts wegen unbeschränkt. Über sich selbst, über seinen eigenen Körper und Geist ist der einzelne souveräner Herrscher.“[60]

Solange also andere nicht negativ betroffen sind, muss die Freiheit – die Autonomie – des Einzelnen respektiert werden. Dieses Schadensprinzip hat natürlich eine enorme Steigerung der Handlungsmöglichkeiten zur Folge. Während der Gesichtspunkt der Unparteilichkeit in seiner utilitaristischen Moralauffassung den Anschein weckt, die Glücks- und Lustambitionen der Person zu temperieren und diese dem Allgemeinwohl unterzuordnen, schränkt das Schadensprinzip diese Temperierung gleich wieder ein: Normen, die überindividuelle Gesichtspunkte in unser Handeln implementieren möchten, dürfen nur zur Anwendung kommen, wenn Dritten ein unmittelbarer oder mittelbarer Schaden droht.

Das emanzipatorische Potential dieser Auffassung kann kaum überschätzt werden. Erstmals hier und nicht bei Kant zeichnet sich das autonome Individuum der Moderne ab. „Persönliche Selbstbestimmung“ oder die freie Verfügung über weite Bereiche des eigenen Lebens kommen nun

---

60 John Stuart Mill (1988), S. 16f.

zur Geltung. Die Fesseln der Fremdbestimmung politischer, religiöser oder moralischer Herkunft sind abgestreift. Man könnte sogar so weit gehen zu sagen, dass ein neuer Menschentypus konstituiert worden sei. Bereits bei Kant stand der *Wille* des Menschen im Vordergrund, aber während bei ihm noch erhebliche Restriktionen vorlagen, ist dies bei Mill viel weniger der Fall. Kant und Mill sind beide Vorbereiter der modernen Manifestation eines Vermögens, das ‚bis dato' im Selbstverständnis des Menschen eine sehr untergeordnete Rolle gespielt hat – des *Willens*.

Wahlfreiheit, Entscheidungsfreiheit und Handlungsfreiheit sind selbstverständlich keine Unbekannten in der vor-modernen Anthropologie. Aber es überwiegen die Restriktionen. Dass wir unsere Lebensziele selbst setzen und dazu das Vermögen des Willens mobilisieren, bleibt bis in die frühe Moderne eine befremdliche Auffassung. Die Freiheit, das eigene Leben nach partikularen oder sogar gänzlich eigensinnigen Normen zu gestalten, erobert aber langsam die Bühne und wird eine Welle der Subjektivierung auslösen, die sich bis in unsere Tage fortgesetzt hat. „Aber es gibt einen Tätigkeitsbereich, an welchem die Gesellschaft im Unterschied zum Individuum – wenn überhaupt – nur indirekt Interesse hat. Dieser schließt alle Einzelheiten des persönlichen Lebens und Treibens ein, die nur ihn selbst angehen, oder wenn sie andere auch betreffen, sodann nur mit ihrer freien, unabhängigen und nicht durch Täuschung erlangten Zustimmung und Teilnahme."[61]

Das Beziehungsgefüge zwischen Menschen wird nun geprägt von einer Haltung der Grenzverlegung, von einem Abtasten jener Bereiche, in denen die Selbstgestaltung des eigenen Lebens in die Schädigung Dritter übergeht und ihr Limitationen auferlegt werden müssen. Im Hintergrund dieser Auffassung steht das Modell einer Gesellschaft, in der die Verpflichtungen gegenüber anderen tendenziell in die Grenzbezirke ihrer potentiellen Schädigung verlegt werden. Solange letzteres nicht geschieht, sind Regeln eigenen Verhaltens lediglich der Beurteilung der diesbezüglichen Person selbst unterworfen.

Angesichts rigider Normen einer öffentlichen Kontrolle unseres Tun und Lassens musste die Freiheitsdoktrin Mills wie eine Revolution der Denkungsart und wie ein Befreiungsschlag im Hinblick auf die Gestaltung des privaten Lebens wirken. Teils fühlen wir uns bereits versetzt in die kulturelle Atmosphäre der sechziger und siebziger Jahre des letzten Jahrhunderts. Es müsse die „Freiheit des Geschmacks und der Studien (erlaubt sein), Freiheit, einen Lebensplan, der unseren eigenen Charakteranlagen

61 Ebd., S. 19.

entspricht, zu entwerfen und zu tun, was uns beliebt, ohne Rücksicht auf die Folgen und ohne uns von unseren Zeitgenossen stören zu lassen – solange wir ihnen nichts zuleide tun –, selbst, wenn sie unser Benehmen für verrückt, verderbt oder falsch halten."[62]

Die Wertung dieser Emanzipation kann nur positiv ausfallen – solange man nicht auf die politischen Folgen schaut. Zwischen dem mit seiner „persönlichen Selbstbestimmung" unablässig befassten Einzelnen und der ‚Polis' tut sich nämlich eine wachsende Kluft auf. Wer nämlich so großen Wert legt auf „Selbstbestimmung" und immer weitere Bereiche seines Lebens von dieser Einstellung prägen lässt, verzichtet gewissermaßen auf den Beistand der Gemeinschaft. Nirgendswo spricht Mill dies in solcher Deutlichkeit (und in solcher Schroffheit) aus wie im folgenden Satz: „Jeder schützt seine eigene Gesundheit, sei sie körperlicher, geistiger oder seelischer Art, am besten selbst."[63] Diese Empfehlung Mills ist folgerichtig: Wer es vorzieht, sein Leben den eigenen Präferenzen zu unterstellen und sich, wie heute verbreitet, als Subjekt permanenter Modifikationen seiner selbst versteht, kann nur in einem geringen Maße Anspruchsrechte gegenüber Dritten geltend machen, die bei diesen korrespondierende Pflichten unterstellen. Das Schädigungsverbot bietet nämlich nur eine sehr geringe Basis für solche Pflichten.

Aber Mill muss sogar noch einen Schritt weiter gehen, denn wer schützt eigentlich meine Selbstbestimmung? Das Selbstbestimmungsrecht – Mills Fassung des Autonomieprinzips – muss doch im Konfliktfall durch irgendeine Instanz gewährleistet werden? Jenes Recht braucht doch Schutzvorkehrungen gegen seine Missachtung? Gibt es ein unveräußerliches Recht auf Selbstbestimmung, also ein Recht, das *zumindest prinzipiell* keinerlei Kalkulationen oder Abwägungen unterworfen werden darf?

„Wenn wir von dem Recht einer Person sprechen, meinen wir damit, dass die Person von der Gesellschaft verlangen darf, im Besitz dieses Rechts durch gesetzliche Gewalt bzw. durch den Einfluss der Erziehung oder der öffentlichen Meinung geschützt zu werden. […] Ein Recht zu haben bedeutet demnach, etwas zu haben, das mir die Gesellschaft schützen soll, während ich es besitze. Wenn nun jemand fragt, warum sie das tun sollte, kann ich ihm keinen anderen Grund nennen als die allgemeine Nützlichkeit."[64] Während Kants Autonomiefassung die menschliche Würde als ein Fundament betrachtete, steht Mill mit seinem materiellen Moralprinzip,

62 Ebd., S. 20.
63 Ebd., S. 21.
64 John Stuart Mill (1976), S. 92f.

mit dem Prinzip der Maximierung von Glück und Lust zum Nutzen für die größte Zahl, ein solches nicht zur Verfügung. Dieses Nutzenmaximierungsprinzip ist zu fluide, als dass es eine solche Basis bilden könnte.

Im Bereich der Medizinethik haben beide Traditionen – die Tradition Kants und die Mills – ihre Spuren hinterlassen. Aus der Tradition Kants heraus hat die Patientenautonomie den Charakter eines wertvollen *Defensivrechts* erhalten. Jedwede medizinische Behandlung benötigt die Zustimmung der betreffenden Person und, wo diese Zustimmung nicht eingeholt werden kann, die Einwilligung von dazu befugten Dritten. Selbstverständlich existieren Grenzsituationen, wo beides nicht möglich ist. Aus der Tradition Mills heraus ist aber ein sehr viel autonomerer und selbstversicherter Patient entstanden, jedenfalls in der Theorie.

Autonomie auf der schiefen Bahn?

Wir haben bislang die Aufmerksamkeit auf die *Autonomie* des Patienten gerichtet, aber kaum auf den *Patienten* selbst. Vielleicht ist das auch kein Zufall, denn das potentielle Verschwinden des Patienten hinter oder in seiner Autonomie hat Gründe, wie wir gleich sehen werden. Die erste Frage, die wir stellen sollten, lautet deshalb: „Was ist das eigentlich, ein Patient?"

Dem lateinischen Ursprung des Begriffs gemäß ist der Patient ein *Ertragender*. Ihm ist etwas zugestoßen, mit dem er nun zurechtkommen muss. Seinen Zustand hat er nicht gewählt und er möchte diesen so schnell wie möglich verlassen. Er hat seine Erkrankung nicht ausgesucht, denn diese führt im Einzelfall zu einer gravierenden Einschränkung seiner aktiven Lebensäußerungen. Der Patienten ist, abgesehen von Bagatellerkrankungen, oftmals ein Leidender, ein Hadernder, ein zur Passivität Gezwungener, manchmal sogar ein nur noch Überlebender[65] – gemessen an dem, zu dem er als Gesunder in der Lage war. Patienten verlangen nach einer Zuwendung, sie sind auf unsere Sorge angewiesen. Für die Dauer ihrer Erkrankung haben sie gewissermaßen die Seite gewechselt. Es dürfte fraglos stimmen, dass die Hinwendung, das offene Ohr und das Gespräch mit ihnen einen essentiellen Beitrag zu ihrer Gesundung leisten. Vertrauen vermag zu heilen, jedenfalls mit zu heilen.

Wir gehen nun zurück zur Autonomie und fragen uns, was sie im Zusammenhang mit der Rede von einem Patienten bedeuten kann und von diesem womöglich erwartet. Aber zuerst wollen wir zusammen mit Dieter

65 Vgl. Frans Vosman (2018).

Birnbacher auf *vier* verschiedene Aspekte der Autonomie hinweisen. Dieser unterscheidet zwischen Autonomie als einer *persönlichen Fähigkeit*, als einer *situativen Disposition*, als einem *Charakterideal* und als einem *moralischen Recht*.

Wer nicht über bestimmte Fähigkeiten verfügt, kann in *empirischer* Hinsicht nicht autonom handeln: Die Autonomiefähigkeiten von Menschen mit geistigen oder körperlichen Behinderungen sind – je nach Schweregrad –, im Vergleich mit anderen Personen geringfügig oder gravierend eingeschränkt. Dieser empirische Mangel bedeutet aber keineswegs, dass solche Personen nicht über fundamentale *moralische* Rechte verfügen würden, die sie mit anderen, in empirischer Hinsicht autonomiefähigeren Personen teilen. Ihre Würde ist wegen ihrer geringeren Autonomiefähigkeiten in keinerlei Hinsicht geringer als die Würde anderer Personen. Sie haben einen *Anspruch* darauf, dass ihnen bestimmte Rechte nicht vorenthalten werden. Abgesehen von den Autonomiefähigkeiten und der Autonomie als Rechtsanspruch kann eine Person sich *aktuell* in einer Disposition befinden, in der sie ihre Autonomie nur in minderem Maße oder sogar überhaupt nicht auszuüben vermag. Jemand kann leiden unter einer schweren Depression oder sich zeitweise in einem Zustand der Bewusstlosigkeit befinden. Auch der Persönlichkeitstyp kann der Autonomie förderlich oder abträglich sein. Jemandes Charakterideal mag beinhalten, dass die Werte der Autonomie wie beispielsweise das Führen eines selbstbestimmten Lebens gering erachtet werden.[66]

> „Autonomie als ein moralisches Recht ist etwas, was man *einklagen* kann. Autonomie als Charakterideal etwas, was man lediglich *empfehlen* kann. Autonomie als ein moralisches Recht impliziert, dass andere eine *Pflicht* zu seiner Wahrung und Achtung haben, während Autonomie als Charakterideal als solches zu nichts verpflichtet. Andererseits lässt sich auch zwischen den ersten drei Bedeutungen und der vierten eine kategoriale Grenze ziehen: In den ersten drei Bedeutungen bezeichnet Autonomie eine (faktische oder erwünschte) Fähigkeit, in der vierten einen *Anspruch*. Autonomie als ein Rechtanspruch bedeutet nicht, dass jemand selbstbestimmt ist, sondern dass er ein *Recht* auf Selbstbestimmung hat, dass bestimmte Dinge nicht gegen oder ohne seine Zustimmung mit ihm geschehen sollen."[67]

---

66 Vgl. Ruth Baumann-Hölzle (1999), S. 307ff.
67 Dieter Birnbacher (1997), S. 104.

Alle vier Aspekte sind patientenrelevant: Einige Menschen legen keinen großen Wert auf ihre Autonomie und werden sich in einer Situation, in der sie zum Patienten geworden sind, kaum auf sie berufen. Ihr *Charakterideal* ist ein anderes: Sie gewichten ihr Leben im Einklang mit Wertvorstellungen, in denen Autonomie keinen privilegierten Platz einnimmt. Zur Vorbedingung, überhaupt Entscheidungen selbstbestimmter Natur über das eigene Leben treffen zur können, gehört das Vorhandensein bestimmter *Fähigkeiten*. Darüber hinaus können Personen – abgesehen von ihren Autonomiefähigkeiten – sich in einer aktuellen *Disposition* befinden, welche die Ausübung ihrer Autonomie einschränkt oder bis auf Weiteres unmöglich macht. Nicht zuletzt und außerordentlich wichtig: Patienten haben ein *Anspruch* darauf, dass ihre Autonomie und die damit verbundenen Rechte respektiert werden.

Letzteres – das Patientenrecht auf Autonomie – hat zur Folge, dass getroffene Entscheidungen eines Patienten, auch wenn diese der behandelnden Person im Einzelfall nicht einleuchten, nicht übergangen werden dürfen. Eine solche Entscheidung nennt man bekanntlich eine „informierte Zustimmung". Die Patientin ist über den Ablauf und die Risiken einer Behandlung aufgeklärt worden und hat zugestimmt oder gegebenenfalls eine Behandlung verweigert. Das Recht auf Autonomie bedeutet, dass Personen ein einklagbares Recht auf eine solche Entscheidung haben. Das Recht auf Autonomie korrespondiert demnach mit einer Unterlassungspflicht seitens der behandelnden Instanz.

Diese Autonomie des Patienten hat einen normativen Status. Etwas technischer ausgedrückt: Autonomie stellt das *negative Recht* bzw. das defensive Recht des Patienten dar, dass Handlungen oder Eingriffe seitens Dritter unterlassen werden müssen, es sei denn, es ist eine Zustimmung erteilt worden. Allerdings sollten wir uns vergegenwärtigen, dass diese Autonomie-Vorstellung voraussetzungsreich ist. Ein Patient muss über die Kompetenz verfügen, bestimmte Sachverhalte verstehen zu können. Seine darauf beruhende Entscheidung muss freiwilliger Art sein und unter keinerlei Zwang zustande gekommen sein.[68] Besitzen Menschen diese Fähigkeiten in bestimmten Situationen nicht, so muss ihre Autonomiefähigkeit je nach Möglichkeit gefördert werden. Wo das nicht möglich ist, muss ihr mutmaßlicher Willen – ihr Lebensentwurf – respektiert werden. Die Autonomie ist offenbar eine komplexe Angelegenheit. In etlichen Debatten wird sie vorschnell (und abstrakt) mit Selbstbestimmung assoziiert. Das wäre

---

68 Vgl. Tom L .Beauchamp/James F. Childress (1994), S. 145f.

leichtfertig. Vielleicht benötigt das Modell der Autonomie als Selbstbestimmung hin und wieder eine *Selbstbesinnung*.[69]

Autonomie – ein Fallstrick?

Diese Problematik lässt sich am besten nachvollziehen, wenn wir die *Wandlungen* der Patientenautonomie in aller Kürze rekonstruieren. Seit den sechziger Jahren ist die Formel in aller Munde. Historisch gesehen war der Nürnberger Kodex (1947) ihre Geburtsstunde. Im Falle medizinischer Versuche, so heißt es im ersten Punkt dieses Kodex, muss bei Patienten oder Probanden die freiwillige und informierte Zustimmung eingeholt werden. Dieses Recht auf Selbstbestimmung wurde in der Deklaration von Helsinki, im Jahre 1964 von der „World Medical Association" verabschiedet, übernommen. Aber erst in der modernen Medizinethik, wie sie anfangs der sechziger Jahre in den USA entstanden war, wurde dieses Einwilligungsprinzip in die nicht-experimentelle medizinische Praxis eingeführt. *Diese* Patientenautonomie ist seitdem ein ethischer Standard, dessen Geltung – zu Recht – unumstritten ist. Und seit Einführung dieser „informierten Zustimmung" sind Patienten und Patientinnen in der Tat aufgeklärter geworden. Autonomie hieß hier Selbstbestimmung: Aufklärung und Zustimmung mittels *Information*.

Der nächste Schritt führt uns zum *mündigen* Patienten. Mündig meint hier Folgendes: Dieser Patiententypus kennt seine Interessen, tritt im Laufe des Behandlungsprozesses als Partner auf und ist in der Lage, Abwägungen hinsichtlich der Mittel, des Zwecks und des Sinns einer Behandlung anzustellen. Hier soll gleichsam auf Augenhöhe im Sinne des „Shared-Decision-Making" zwischen Arzt und Patient kommuniziert werden. Es ist zu fragen, inwiefern dieses Modell die ungleichen Positionen und das Kompetenzgefälle zwischen den Parteien berücksichtigt und ob ein gewissen Maß an Asymmetrie zwischen den Beteiligten überhaupt vermeidbar ist. Autonomie heißt hier jedenfalls Mündigkeit mittels *Kommunikation*.

Der dritte Schritt bewegt sich auf den *sich optimierenden* Patienten zu. Dessen Anspruchsniveau hat sich nun erheblich gesteigert. Nicht die Behandlung einer Erkrankung steht im Vordergrund, sondern die Verbesserung der Gesundheit. Dazu benötigt man eine Strategie, in der immer mehr alterstypische Einschränkungen potentiell als Krankheit, jedenfalls als verbesserungsbedürftig und verbesserungsfähig betrachtet werden. Das

---

69 Diese Formulierung stammt von Lukas Kaelin (2016), S. 102.

Leben wird zu einem Gesundheitsprojekt, das ständige Aufmerksamkeit auf die Kondition von Körper und Geiste verlangt.[70] Autonomie heißt hier Selbstperfektionierung mittels optimierender *Intervention*.

Der vierte und letzte Schritt hängt mit dem vorhergehenden unmittelbar zusammen: Jetzt wird der Patient als *Marktteilnehmer* entdeckt. Er soll sich nun als Einkäufer auf dem Gesundheitsmarkt bewähren. Strategische und rationale Kompetenzen werden von ihm verlangt, denn als Patient sollten uns die Motive des „homo oeconomicus" nicht gänzlich abhandengekommen sein. Gesundheit wird eine Ware, um die es sich zu konkurrieren lohnt. Autonomie heißt hier gesundheitsökonomische Kompetenz mittels *Kalkulation*.

Diese Skizze nimmt eine gewisse Vereinfachung bewusst in Kauf. Die angedeutete Entwicklung ist keineswegs im Ganzen negativ zu beurteilen. Aber sie ist einseitig. In ihr droht die wichtigste Perspektive abhanden zu kommen – die des Patienten als eines abhängigen, leidenden, auf die Sorge Anderer angewiesenen Menschen. Und mit ihm droht auch die Solidarität zu verschwinden. Das ist gemeint, wenn wir von einem „Fallstrick" der Autonomie sprechen. Diese könnte zur Selbstüberforderung und Isolierung der Patienten führen. Der autonome Patient wäre dann ein einsamer und vernachlässigter Mensch. Der Umgang mit Patienten, aber auch deren Selbstverständnis ist heute von einer Kultur der Freiheitsrechte geprägt. Dagegen ist nichts einzuwenden Dabei wird jedoch in zunehmendem Maße die Wichtigkeit, *selber* in einigen wichtigen Situationen bestimmen zu dürfen, mit dem Anspruch verwechselt, alles selbst *bestimmen* und *einfordern* zu können und zu müssen.

Wir verlieren offenbar zunehmend das Gespür für das Gewicht unserer Endlichkeit, für unsere multiplen Abhängigkeiten und für das notwendige Maß der Solidarität. Die einseitige Ausrichtung großer Bereiche der Medizinethik an der „Autonomie" hat das Anspruchsniveau jedenfalls ins Kraut schießen lassen. Im Bewusstsein nicht weniger Patienten (oder potentieller Patienten) hat sie sich als eine Lizenz zum Wünschen entwickelt – nicht selten zu ihrem eigenen Schaden.

Die skizzierte Entwicklung ist Teil einer gesamtgesellschaftlichen Dynamik und kann deshalb nicht isoliert betrachtet werden. Mittlerweile sind wir Bürger einer „Projekt-Polis" (Luc Boltanski/Ève Chiapello)[71] geworden, in der sämtliche Lebensverrichtungen einen Projektstatus erhalten. Nicht

---

70 Vgl. Andreas Bernard (2017), vor allem das Kapitel 2: Leibesvisitationen: Die ‚Quantified-Self'-Bewegung und die Vermessung des Körpers, S. 97-154.

71 Luc Boltanski/Ève Chiapello (2003), S. 152ff.

nur in beruflichen Kontexten bewegen wir uns von einem zum nächsten Projekt, sondern auch im Privaten: Beziehungen erhalten oftmals diesen Status, manchmal wird das Leben überhaupt als ein Projekt betrachtet. Der Autonomiegedanke mit seiner Suggestion, das Leben sei selbstbestimmt und in geringstmöglichen Abhängigkeiten zu führen, ist mit diesem Projektgedanken problemlos kompatibel: Projekte gelten für übersichtliche Zeiträume, setzen vorübergehende Kooperationen voraus und entlassen die Projektpartner – in neue Projekte. Der Projektwechsel wird als Unabhängigkeit gefeiert (und verklärt) und als Ausdruck unserer Autonomie sublimiert. Dabei wird leicht übersehen, dass wir projekt-orientiert in neue Abhängigkeiten rutschen, nicht zuletzt in die Abhängigkeit von uns selbst. Die Autonomie wird dann selbst-destruktiv. Sie wird zum Auffangbecken für Zuständigkeiten und Verantwortlichkeiten, die der Einzelne im Grunde kaum tragen kann.

Es mag am Ende dieses Kapitels nützlich sein, auf eine im Autonomie-Projekt enthaltene Dynamik aufmerksam zu machen, die anfangs mit Sicherheit kaum in Augenschein genommen worden ist. „‚Mündigkeit des Patienten‘ bedeutet auch“, so Henning Schmidt-Semisch, „die kontinuierliche Rückführung von Krankheitsrisiken in die private Verantwortung des Patienten. In diesem Sinne ist die Mündigkeitsmetapher ‚emanzipatorisch‘ und euphemistisch zugleich: Sie verwandelt den Spar*zwang* in ein vermeintliches Gesundheits*angebot* und Leistungskürzungen in Wahlfreiheit und Selbstbestimmung.“[72] Marktstrategisch betrachtet ist *diese* Autonomie eine glückliche Erfindung.

72 Henning Schmidt-Semisch (2000), S. 173.

V. Körpertransformationen und Gesundheitsmodifikationen

Prädikate wie „gesund" oder „krank" sind Bestandteile körperbezogener Aussagen, wobei der Körper selbstverständlich auch der Sitz unserer Psyche ist. Es sind Körper, die als Referenz medizinischer Aussagen gelten und zum Gegenstand kurativer oder palliativer Interventionen werden. Diese an sich recht triviale Feststellung gewinnt jedoch unmittelbar an Komplexität, sobald wir uns fragen, *wo* sich jener Körper befindet, und wir genauer auf die Prädikate achten, die wir verwenden.

Der Ort des Körpers ist nicht bloß der Ort des Körpers. Er geht weit über diesen hinaus. Unser Körper ist eingebunden in einem Netzwerk von Interpretationen. Er endet nicht bereits an unserer Haut. Es existieren gleichsam verschiedene *Grammatiken* des Körpers, die ihn jeweils folgenreich deuten. Die religiöse Grammatik von Sünde und Heil betrachtete den Körper als eine dramatische *Bühne*, wo sich Tugenden und Laster einen Kampf liefern, der nur mittels moralischer Disziplinierung und rechtgläubiger Haltung eine Wendung zum Positiven erhält. Die neuzeitliche Grammatik der *Maschine* entzauberte den Körper und betrachtete ihn als eine Entität, die ontologisch keine klare Trennung zu technischen Geräten oder Automaten zulässt.

Spätestens seit dem philosophisch außerordentlich einflussreichen Pamphlet „L'homme maschine" (1748) von Julien Offray de La Mettrie stand der Entgrenzung des Körpers nichts mehr im Wege: Der Übergang zwischen dem Körper und technisch hergestellten Objekten hatte sich bereits in diesem Frühstadium einer zukunftsträchtigen Entwicklung verflüssigt. Im Berlin der zwanziger Jahre des letzten Jahrhunderts entwarf der Arzt Fritz Kahn das berühmt gewordene Plakat „Der Mensch als Industriepalast", das sämtliche Organe und Prozesse im Körper als industrielle Bestandteile eines maschinenähnlichen Vorgangs darstellte. Die moderne Grammatik der Industrialisierung des Körpers war nun endgültig in größtmöglicher Prägnanz veranschaulicht.[73] Die Metaphern des Körpers können schwerwiegende Folgen haben, neutral sind sie nie.

Von Susan Sontag stammt der berühmte Satz, eine „Krankheitsauffassung" sei „niemals unschuldig".[74] Er zielt auf die *Moralisierung* und *Politisie-*

73 Vgl. Adrian Lobe (2017), S. 46.
74 Susan Sontag (1978), S. 99f.

rung des kranken Körpers. Die Moralisierung betrifft eine Spätgestalt der bereits erwähnten religiösen Grammatik des Körpers. Die Auffassung, Krankheit sei eine Art Strafe, ist uralt und verfügt über ein beträchtliches Nachleben bis in unsere Tage hinein. Der Einzelne leidet nicht bloß an seiner Krankheit, sondern darüber hinaus auch an einer Schuld, die er sich aufgrund eines vergangenen Vergehens zugezogen hat. Ebenso willfährig lassen sich Krankheiten als metaphorische Bezeichnungen für politische Gegner benutzen: Die Syphilis gehörte zur antisemitischen Rhetorik, der zufolge krebsbefallene Gesellschaftsteile entfernt werden müssen. „Die Beschreibung eines Phänomens als Krebs ist eine Anstiftung zur Gewalt“[75], so Sontag.

Eine einflussreiche Grammatik ist die der *Medikalisierung*. Mit ihr kann Verschiedenes gemeint sein. Zunächst diagnostiziert dieser Begriff den wachsenden Einfluss der Medizin im Laufe der europäischen Moderne auf Praktiken, die einst nicht mit ihr assoziiert wurden. Ein prominentes Beispiel findet sich bei Philippe Ariès in seiner berühmten „Geschichte des Todes“. Dort ist von einem „Triumph der Medikalisierung“[76] die Rede. Die Medizin sei zur Richterin über Leben und Tod geworden und habe die traditionellen religiösen Deutungen und Riten abgelöst. Die einstige Perspektive des Sterbenden auf ein Jenseits sei verschwunden und an deren Stelle habe sich der souveräne Blick des Arztes etabliert. Die „zeitliche Ausdehnung“ des Sterbens „zugunsten des Diesseits“[77] habe die religiöse Aussicht verdrängt. Der plötzliche und unvorhergesehene Tod („mors repentina et improvisa“), so meinte Ariés, sei kaum mehr möglich, nachdem der „medizinische Fortschritt“ den „langsamen Tod im Krankenhaus“ bewirkt habe.

Wenn Menschen aber nachwievor nach einem „unmerklichen“ und „sanften“ Tod verlangen, müssen sie unter diesen neuen Umständen im Hinblick auf ihre tatsächliche Situation im Ungewissen gehalten werden, meinte Ariès. Ihm zufolge verschleiern die Ärzte durch „geschickte Manipulation“, durch „die Täuschung“ des Kranken dessen wirkliche Lage. Darüber hinaus werde „die Passivität des Sterbenden […] durch Beruhigungsmittel aufrechterhalten“. Menschen seien von nun an vom eigenen Tod entfremdet. „Der Tod hat aufgehört, als natürliches und notwendiges Phänomen zu gelten. Er ist ein Fehlschlag, ein business lost.“[78]

75 Ebd., 99.
76 Philippe Ariès (1980), S. 747ff.
77 Ebd., S. 749.
78 Alle Zitate ebd., S. 749-752.

„Die Dauer des Todes hängt […] von einem Zusammenspiel zwischen Familie, Krankenhaus und Justiz oder von einer souveränen Entscheidung des Arztes ab: der Sterbende, der bereits die Gewohnheit angenommen hat, sich auf seine nächsten Angehörigen zu verlassen […], dankt langsam ab und überlässt seiner Familie auch die Entscheidung über das Ende seines Lebens und Sterbens. Die Familie ihrerseits entzieht sich dieser Verantwortung und überträgt sie dem gelehrten Thaumaturgen, der über die Geheimnisse von Gesundheit und Krankheit gebietet und besser als jeder andere weiß, was zu tun ist, dem es folglich auch zukommt, in aller Souveränität zu entscheiden."[79]

Über die Richtigkeit dieser Diagnose brauchen wir hier im Einzelnen nicht zu befinden. Sie ist in nicht unerheblichem Maße korrekturbedürftig. Jedoch dürfte Ariès recht haben, wenn er auf die mächtige Position im Sterbeprozess verweist, die seit dem 19. Jahrhundert von der Medizin eingenommen wird. Medikalisierung bedeutet dann, dass das Interpretations- und Handlungsmonopol angesichts des Todes auf eine andere als die religiöse Instanz übertragen worden ist – auf die Medizin. Aber „Medikalisierung" meint mehr.

Vor allem unter dem enormen Einfluss von Michel Foucault – anfangs in Studien wie „Die Geburt der Klinik: Eine Archäologie des ärztlichen Blicks" und bis hin zu den späten Werken über „Gouvernementalität" – verweist „Medikalisierung" auf das Entstehen einer bio-politischen Macht in modernen Gesellschaften. Die Subjekte dieser Politik – die einzelnen Bürger und Bürgerinnen und die Bevölkerung als ganze – werden nicht nur durch Gesetze regiert. Wer so denkt, befindet sich noch im klassischen Paradigma der „Souveränität", worin eine Regierungsinstanz, die das Zentrum der Macht bildet, mittels Gesetze ihre Staatslenkung vollzieht. Seit dem 18. Jahrhundert, so Foucault, entsteht eine neue Regierungsform – die Regierungsform der *Gouvernementalität.*

Am besten kann man diesen Neologismus übersetzen, indem man auf die Bedeutung des französischen Verbs „gouverner" zurückgeht. Dieses Verb bezieht sich unter anderem auf die „Lenkung oder Steuerung des Schiffs", auf die Kunst der Navigation. Die *Verwaltung* der Bevölkerung rückt in den Vordergrund: Die Ökonomie – die Bestellung des Hauses – wird in diesem Zusammenhang erweitert zur „politischen Ökonomie", zu einem Regierungshandeln mittels Verwaltungsakte, die auf die Bevölkerung, auf das Territorium und den zu erzielenden Reichtum gerichtet sind.

79 Ebd., S. 750.

Es „tritt die Bevölkerung als das schlechthin letzte Ziel der Regierung hervor: Denn was kann, im Grunde genommen, das Ziel der Regierung sein? Gewiss nicht zu regieren, sondern das Los der Bevölkerung zu verbessern, ihre Reichtümer, ihre Lebensdauer und ihre Gesundheit zu mehren; und die Instrumente, die sich die Regierung gibt, um diese Ziele zu erreichen, sind dem Feld der Bevölkerung gewissermaßen immanent. Im Wesentlichen wird es die Bevölkerung selbst sein, auf die sie direkt mittels Kampagnen oder auch indirekt mittels Techniken einwirkt, die es beispielsweise erlauben, ohne dass es die Leute merken, die Geburtenrate zu steigern oder die Bevölkerungsströme in diese oder jene Region oder zu dieser oder jener Betätigung zu leiten. Statt als Ausdruck der Macht des Souveräns tritt die Bevölkerung vielmehr als Zweck und Instrument der Regierung hervor."[80]

In diesem Zusammenhang verlagert sich die vertikale Struktur der Machtausübung, die ihren Konzentrations- und Kulminationspunkt in der Figur des Souveräns fand, in die horizontale Dimension einer *politischen Bewirtschaftung* der Bevölkerung, wie sie sich bezeichnen lässt. Auch hier taucht der Begriff der Medikalisierung auf. Er bedeutet nun, dass der gesamte Bevölkerungs*körper* Strategien der *Gesundung* unterworfen wird. Geburts- und Sterberaten, Hungersnöte und körperliche Mangelerscheinungen, Erkrankungsursachen und Lebenserwartung, Vorsorge und Epidemien, Hygienemaßnahmen und Internierungsanstalten – all dies und noch viel mehr gehört zum Repertoire der Lenkung des Schiffs, zur Steuerung des Gesellschaftskörpers.

Eine weitere und dritte Bedeutung von Medikalisierung bezieht sich auf den gewaltigen Einfluss neuer bio-medizinischer Maßnahmen und Interventionen, die auf den Körper des Einzelnen gerichtet sind und dessen Selbstverständnis prägen. Die Vervielfältigung der Reproduktionstherapien und -techniken, die Möglichkeiten der genetische Modifikation, die ästhetisch-chirurgische Transformation ganzer Körperteile, der kulturelle Zwang zu permanenten Gesundheitskontrollen und die damit einhergehende Unterwerfung des Körpers unter Idealnormen haben zur Folge, dass die Medizin ihr Territorium mittels Ausbreitung neu einhegt. Dieses ist nicht länger das der Pathologie, sondern das der Pathologisierung. Das konservative Gebiet der Krankheiten dehnt sich aus auf einen progressiven Bereich wachsender *Ungesundheiten*.

„Die Medikalisierung des Körpers ist ein dramatisches Stück der durchgängigen Industrialisierung des Körpers", schrieb bereits in den achtziger

80 Michel Foucault (2000), S. 61.

Jahren des letzten Jahrhunderts John O'Neill.[81] Besonders eindrücklich ist in diesem Zusammenhang die zunehmende Technisierung der Reproduktion. Ob der Begriff der Industrialisierung hier einschlägig ist, darf bezweifelt werden. Was sich jedoch kaum leugnen lässt, ist die Konfigurierung des Körpers als einer medizinisch-ökonomischen Ressource. Dies ist keineswegs eine nur philosophische oder soziologische Feststellung. Auch die *Schweizer Akademie der Medizinischen Wissenshaften* thematisiert die Entwicklung des Gesundheitswesens in einer ähnlichen Begrifflichkeit.

> „Gesellschaftliche Erwartungen und technologische Möglichkeiten beschleunigen den Prozess der Medikalisierung. Damit wird die Anwendung medizinischen Wissens und medizinischer Techniken auf Bereiche bezeichnet, die (historisch) nicht als medizinische Probleme eingestuft wurden. Die Forschung auf der einen und das Komfortbedürfnis der Patienten auf der anderen Seite führen zu neuen Diagnosen und Befunden, für die dann entsprechende Therapiemöglichkeiten zur Verfügung gestellt werden. Der Übergang von Krankheiten zu Funktionsstörungen und schließlich zur Optimierung des gesunden Körpers, der aber möglicherweise Krankheitspotentiale in sich trägt, scheint fließend zu sein. Kriterien zur Abgrenzung des eigentlichen Tätigkeitsfeldes der Medizin existieren bisher kaum. Das Gesundheitswesen und damit auch die Medizin sind zu einer Art Großindustrie und Markt geworden."[82]

Weit über die klassische Bio-Politik hinaus, die sich auf die Hebung des Gesundheitsniveaus der Bevölkerung konzentrierte, wird nun der individuelle Körper zum Betätigungsfeld von *Optimierungsstrategien*. Die Genetik öffnet Tür und Tor zu einer Lektüre des individuellen Gesundheitsrisikos und der Krankheitsanfälligkeit und stellt therapeutische Hilfe in Aussicht. Die medizinischen Interventionen lassen die Grenze zwischen dem Körper und einer invasiven Technologie verschwinden, die sich zunächst noch auf die Rettung des Patienten in lebensbedrohenden Situationen richtet, aber sich zunehmend zur Meliorisierung einzelner Organfunktionen oder gar des gesamten Genprofils berufen fühlt.

Immer mehr Menschen gehen offenbar davon aus, schreibt der in Stanford lehrende Literaturwissenschaftler Hans Ulrich Gumbrecht, „dass der individuelle Körper als Gegenstand des Spiels und des Experiments in die

---

81 John O'Neill (1990), S. 117.
82 Ziele und Aufgaben der Medizin, S. 10.

freie Verfügung des Individuums gestellt“[83] sei. Unser Körper wird zum Gegenstand einer Anspruchshaltung und zum Objekt von Wünschen und Präferenzen, die sich offenbar nur noch schwer bändigen lassen. Und während wir gegenüber Aggression und Gewalt in unserer Lebenswelt immer sensibler werden, scheuen wir nicht, unsere Körper ausgeklügelten und aufwendigen Kontroll-, Verschönerungs- und Optimierungsmaßnahmen zu unterwerfen. Hier ist uns kein Leiden zu viel und zu schwer.

> „In derselben Gegenwart“, so Hans Ulrich Gumbrecht, „tun Menschen ihrem eigenen Körper ohne Not oder deutliche praktische Motivation mehr Gewalt an, als es je vorher in der uns bekannten Geschichte der Fall gewesen ist. Denn Teil oder vielleicht sogar Kern jener ‚allgemeinen Mobilmachung‘, von der schon die Rede war, ist die generalisierte und unpersönliche Verpflichtung, stets in exzellenter ‚Form‘ zu sein, eine Forderung, die vor keinem Alter halt macht und mithin die unbegrenzte Verlängerung der Jugend zum allgemeinen Ziel erhoben hat. Schönheitschirurgie ist die Expansionsbranche unserer Zeit, und ihre Interventionen sind bloß die harmloseste Variante der neuen physischen Selbstreflexivität.“

In diesem Zusammenhang spricht Gumbrecht von einer „Gewaltausübung an sich selbst“, von einer Art „selbstreflexiver Gewalt“[84], die in einem eigentümlichen Gegensatz zur erwähnten Tendenz steht, Gewalt nach Möglichkeit aus der Gesellschaft und der Politik zu bannen. Früher litten Menschen unter einer krankheitsbedingten Unfreiheit *trotz* der Medizin. Zusammen mit Roland Kipke wäre die Frage zu stellen, ob Menschen nicht auch in Unfreiheit leben können *durch* die Medizin. Was als vermeintliche Freiheitserweiterung auf dem Weg der Körperertüchtigung und Körpertransformation begann, endet in der Fixierung und Blendung durch diese medizinisch ins Werk gesetzten neuen Ideale.[85]

Paul Virilio sprach bereits vor drei Jahrzehnten von einer „Intrastruktur“, von einer Konzentrierung der medizinisch-therapeutischen Interventionen auf die Umgestaltung des Körpers. Es kündige sich eine „fortschreitende Kolonisierung der Organe und Eingeweide“[86]an, so Virilio, und „die verstohlene Rückkehr der Eugenik“[87]. Die *konservative* Wiederherstellung des

---

83 Hans Ulrich Gumbrecht (2004), S. 136.
84 Hans Ulrich Gumbrecht (2004), S. 138f.
85 Vgl. Roland Kipke (2016), S. 105.
86 Paul Virilio (2004), S. 108.
87 Ebd., S. 133.

der Erkrankung oder der Verletzung vorangehenden Zustands weicht der *progressiven* Hebung des Leistungsniveaus und des Anforderungsprofils des Körpers. Tendenziell krank ist jemand, der den neuen selbst- und fremdgesetzten Normen nicht entspricht.

> „Die jüngste Entwicklung dieser neuen Form von *Gesundheitsideologie*, einer Ideologie, deren Interesse nicht mehr so sehr dem Erhalt des allgemeinen Gesundheitszustandes gilt als vielmehr seiner fortwährenden Verbesserung, bedarf einer eingehenden Hinterfragung: Man möchte nicht mehr nur einfach *besser leben* – mit all den Annehmlichkeiten und dem Konsum von Waren oder Medikamenten –, sondern *intensiver*, die nervliche Intensität des Lebens durch die Aufnahme von biotechnologischen Produkten steigern, die somit an die Stelle der Nahrung und anderer mehr oder weniger stimulierender chemischer Produkte treten würden. Wird man in Zukunft, um wirklich ‚bei guter Gesundheit' zu sein, ständig gedopt, künstlich überreizt sein müssen? So wie die Hochleistungssportler oder die Anhänger von Extremsportarten?"[88]

Gesundheit wird zum großen Abwesenden. Nicht länger steht das Ideal der möglichen *Restitution* der Integrität des Körpers im Vordergrund, sondern das der *Transformation* seines Status Quo. Man kann nicht gesund genug sein. „Folglich ist die ‚große Gesundheit' keine Gabe mehr, die Gabe der organischen Ruhe, sie ist ein Horizont, eine Perspektive, die zu erreichen ist dank der Beschleunigungsleistungen der Livetechnologien."[89] Das Normengefüge wirtschaftlichen Erfolgs, das auf der marktsensiblen Präsentation eines besseren und erfolgreicheren Produkts beruht und von dem ununterbrochenen Streben nach dessen abermaliger Überbietung lebt, setzt sich auch im Bereich der Medizin durch. Im folgenden aufschlussreichen Zitat von Käte Meyer-Drawe braucht man nur an die Epidemie-ähnliche Ausbreitung rein ästhetisch motivierter Chirurgie zu denken, um die Reichweite ihrer Feststellung honorieren zu können.

> „Bio- und Transplantationsmedizin führen dahin, dass der menschliche Leib nicht länger nur in einem Gedankenexperiment dem Schiff des Theseus gleicht, bei dem nach und nach die Planken erneuert werden und die Frage aufkeimt, mit welcher Planke es nicht mehr das

88 Ebd., S. 134.
89 Ebd., S. 137.

> Schiff des Theseus sei. Ein Bollwerk in der Geschichte des Menschen wird brüchig: die Person."[90]

Im Grunde sind wir schon längst bei der nächsten Stufe der Körperdeutung angelangt, bei seiner *Optimierung* im Rahmen von *Singularisierungsstrategien*. Auch hier müssen wir etwas weiter ausholen, das heißt, über das medizinische Vokabular hinausschauen. In der Soziologie der Gegenwart hat sich nämlich eine Diagnostik etabliert, die in vielerlei Hinsicht anschlussfähig ist an die soeben angerissenen Entwicklungen in der Medizin. In diesem Zusammenhang steht die Rolle bestimmter Menschen*bilder* oder inzwischen gängiger Menschen*modelle* im Vordergrund. Veranschaulichen lässt sich dies an einem außerordentlich populären Modell, nämlich dem des „homo oeconomicus".

Dieses Modell hat in den klassischen Wirtschaftswissenschaften eine kaum zu überschätzende Rolle gespielt und fungiert dort auch heute noch als ein privilegiertes Theorem. Wir sprechen allerdings nicht zufällig von einem Modell, denn der „homo oeconomicus" ist ein ideales Konstrukt, mit dem die Wirtschaftswissenschaften zwecks ihrer Kalkulationen und Prognosen operieren. Aber wer ist dieser Mensch, dieser „homo oeconomiccus"? Im Hinblick auf das *Handlungssubjekt* geht dieses Modell von einem strengen Individualismus aus: Es ist der Einzelne, der im Fokus von Markt- und Tauschbeziehungen steht. Dementsprechend wird der Markt – die „societas oeconomica" – als die Gesamtheit der Aktivitäten der „homines oeconomici" aufgefasst. Diese Einzelnen haben potentiell unendliche Bedürfnisse angesichts knapper Ressourcen, denn es existiert in diesem Modell kein dem Menschen inhärentes Maß. Menschen sind prinzipiell unersättlich. Darüber hinaus verfügen sie über eine stabile Präferenzstruktur.

Was ist nun die *Handlungsmaxime* oder die „Zielfunktion" dieser Marktteilnehmer? Nun, sie handeln unter *strengen Rationalitätsvorgaben*, wobei die Maximierung ihres Eigennutzes als das grundlegende ökonomische Prinzip gilt. Ihre Rationalität ist kalkulierender und strategischer Natur. Deshalb dürfen moralische Gefühle positiver oder negativer Art bei ihren strategisch-rationalen Handlungen im Grunde keinerlei Rolle spielen. Das Marktsubjekt wird nicht gestört durch egoistische oder altruistische Motive. Deshalb sind diese Individuen auch in der Lage, ihre Ziele konsistent zu verfolgen. Was die *Handlungssituation* betrifft wird diese vor allem als eine Wahl-Situation aufgefasst, wobei eine Restriktion – die Knappheit der

90 Käte Meyer-Drawe (1996), S. 15.

Ressourcen – wesentlich ist. Zu diesen Ressourcen gehören übrigens auch die soziale Anerkennung, die Individuen genießen, und die Entscheidungsgewohnheiten, über die sie verfügen.

Zu diesem System axiomatischer Annahmen gehören aber noch weitere Gesichtspunkte. Marktsubjekte sind vollkommen informiert über alle entscheidungsrelevanten Variablen. Es existiert also eine vollkommene Markttransparenz. Über Qualität, Quantität und Preise aller Güter sowie über deren subjektive Nutzenfunktion sind die Teilnehmer im Bilde. Und von allen Teilnehmern wird ein gleiches Verhalten erwartet – rationale Eigennutzmaximierung oder die Optimierung der eigenen Zielfunktion, wie es heißt. Das Marktsubjekt ist demnach „sozial desinteressiert". Der „homo oeconomicus" bewegt sich darüber hinaus in einer Welt, die im Hinblick auf den Markt von für diesen förderlichen Meta-Annahmen globaler und anthropologischer Art geprägt ist: Die Welt ist rational determiniert, was bedeutet, dass Informiertheit und kluge Voraussicht unsere rationale Eingriffe auch erfolgreich machen. Darüber hinaus ist die Welt voraussehbar. Hier ist allerdings eine wichtige Einschränkung erforderlich. Nicht das Handeln von Einzelnen ist vorhersehbar und berechenbar, sondern das von Aggregaten. Diese Aggregate sind Bündel von Individuen, die operieren unter der idealtypischen Modellannahme des „homo oeconomicus".[91]

An diesem Modell wird mittlerweile schwerwiegende Kritik geübt. Vor allem die „behavioral economics", die das *tatsächliche* Handeln von Marktteilnehmern studieren, wären hier zu nennen: Menschen wollen dieser relativ jungen Disziplin zufolge nicht immer ihren privaten Nutzen maximieren; Gegenseitigkeit, Vertrauen und Kooperation, Fairnessüberlegungen und das Schenken spielen eine wichtige Rolle. Dennoch ist der Einfluss des obigen Modells enorm. Das hat mit den *Wirkungen* solcher Modelle auf unser Selbstverständnis zu tun. Wir schätzen dieses Modell nämlich falsch ein, wenn wir es als bloß theoretische *Fiktion* zwecks wissenschaftlicher Kalkulationen und Prognosen betrachten. Ebenso falsch ist die Einschätzung, es werde in diesem Modell ein *reales*, also empirisch nachweisbares Verhalten abgebildet. Dagegen sprechen die „behavioral economics". Wir haben vielmehr mit einer „Realfiktion" (Ulrich Bröckling) zu tun. Was heißt das?

Das Modell des „homo oeconomicus" hat, wie gesagt, seinen Ort zunächst in der wirtschaftswissenschaftlichen Theorie. Es ist ein theoretisches Konstrukt, ein Modell, eben eine Fiktion, die einen instrumentellen Wert hat. Zwar wird niemand behaupten, dass reale Markteilnehmer sich *aus-*

---

91 Vgl. Robert Rolle (2005).

schließlich so verhalten, wie das Modell es suggeriert, aber die Eindeutigkeit bzw. Eindimensionalität des Modells begünstigt Kalkulationen und Prognosen. Wenn wir auf die „behavioral economics" schauen, wird sofort deutlich, dass das Modell nur einen kleinen Ausschnitt menschlichen Verhaltens sehen lässt. Es richtet den Fokus auf nutzenmaximierendes Verhalten und blendet ein ganzes Spektrum andersartigen Verhaltens aus – unsere auf Reziprozität und Kooperation angelegten Handlungen. Dennoch übt das Modell eine Faszination aus – es ist einfach und es verspricht, den Weg des Erfolgs zu zeigen. Dies hat schwerwiegende Folgen.

Nach einer gewissen Zeit fangen die realen Subjekte nämlich an, sich selber in diesem Modell zu spiegeln und ihr Verhalten den dortigen axiomatischen Annahmen anzupassen. Es findet nun, wie es Ulrich Bröckling treffend formuliert, ein „Wechselspiel von Konditionierung und Selbstkonditionierung"[92] statt. Das Modell kodiert das Realsubjekt, das Realsubjekt fügt sich der Kodierung und meint, rationales Verhalten sei jenes Verhalten, das im Modell beschrieben wird. Das Modell mutiert jetzt zu einer „Realfiktion". Es findet statt, was der Soziologe Anthony Giddens einmal „doppelte Hermeneutik" genannt hat: Wir benutzen in den Wissenschaften zunächst theoretische Modelle, damit wir menschliches Handeln *verstehen* lernen. Aber ab einem gewissen Zeitpunkt fangen die mittels dieses Modells Beobachteten an, selber ihr Verhalten gemäß den Vorgaben des Modells zu deuten und dieses Verhalten an dem Modell auszurichten. Aus dem Versuch, unser Handeln mittels einer theoretischen und deshalb auf (vereinfachende) Eindeutigkeit angelegten Annahme zu verstehen, wird nun der *Selbst*versuch, das eigene Verhalten den Erwartungen des Modells anzugleichen.

Allerdings ist die Bildung dieser Realfiktion nicht auf die Sphäre marktkonformen Handelns begrenzt. Sie setzt sich fort in anderen Domänen unseres Dasein. Es findet „ein Übergreifen marktökonomischer Mechanismen auf andere Bereiche des Sozialen [statt], systemtheoretisch gesprochen: eine ‚asymmetrische Interpenetration' zwischen dem Wirtschaftssystem und den übrigen Funktionssystemen".[93] Während also zunächst das ökonomische Handeln des Einzelnen gemäß jener Realfiktion moduliert wird und dieser die dortige Maximalisierung seines Eigennutzes zum Maß seines Tun und Lassens macht, fängt er nun an, diese Norm auch in andere Bereiche seines Daseins zu implementieren. Letzteres setzt wiederum voraus, dass die Ausweitung der ökonomischen Norm auf andere Subsysteme

92 Ulrich Bröckling (2007), S. 37.
93 Ebd.

der Gesellschaft bereits erfolgreich im Gange ist. Wissenschaft und Kunst, das Erziehungswesen und nicht zuletzt das Gesundheitswesen re-definieren sich selbst und re-kodieren ihre eigene Rationalität mittels markaffiner Kriterien.

Nicht zuletzt finde eine *Anthropologisierung* jener Norm statt: Fortan wird das ‚Wesen' des Menschen marktökonomisch konfiguriert. Er wird zum Unternehmer seiner Selbst. Überall stößt er auf Strategien und Maßnahmen, die sein Selbst erfolgreich in diese Richtung drängen. „Indem die Regime des Selbst selektive institutionelle Personkonstruktionen als Conditio humana substantialisieren, sabotieren sie die darin uneingelösten menschlichen Möglichkeiten und proklamieren zugleich ein Idealbild, auf das hin die Individuen zugerichtet werden."[94]

Marktprinzipien, marktähnliches Verhalten und marktkonforme Erwartungen werden nun überall adressiert, also auch dort, wo die Marktlogik zunächst völlig unbekannt war. „The Great Transformation" (Karl Polanyi)[95] schreitet voran, die Umwandlung von immer mehr Lebensbereichen in marktwirtschaftliche Tätigkeitsfelder. Attituden konkurrierenden Verhaltens und Optimierungstechniken, die auf die Überbietung Anderer gerichtet sind, und in der Welt der Ökonomie einen guten Sinn haben, nehmen anderswo überhand. „In der Figur des unternehmerischen Selbst verdichten sich sowohl normatives Menschenbild wie eine Vielzahl gegenwärtiger Selbst- und Sozialtechnologien, deren gemeinsamen Fluchtpunkt die Ausrichtung der gesamten Lebensführung am Verhaltensmodell der Entrepeneurship bildet"[96]

Auch die eigene Gesundheit rückt in den Einflussbereich dieser neuen Grammatik. Gesundheit und Krankheit bestimmen nicht bloß meine Positionierung und meine Funktionstüchtigkeit auf dem Felde ökonomischen Verhaltens. Das wäre nichts Neues. Aber nun werden sie ihrerseits zu Tätigkeitsfelder, worin Optimierungsstrategien und Modulierungen des Selbst als Voraussetzung erfolgreicher Performanz gelten. Auch auf dem Feld der eigenen Gesundheit kann „gut" nicht „gut genug" sein, denn „gut" ist immer nur eine Niederlage angesichts des stets in Reichweite sich befindenden *Besseren*. Der Markt ist überall.

Die Gründe für diese Optimierung der eigenen Gesundheit wurzeln vermutlich tief in den Modernisierungsprozessen. Es lohnt sich, diesen Blick in die Formation moderner und spätmoderner Gesellschaften zu wagen.

---

94 Ebd., S. 39.
95 Karl Polanyi (2017).
96 Ulrich Bröckling (2007), S. 47. Vgl. ders. (2013).

Das hat zuletzt Andreas Reckwitz in seinem fulminanten Opus „Die Gesellschaft der Singularitäten“ getan. Ihm zufolge unterscheiden sich diese zwei Gesellschafttypen, als die moderne und die spätmoderne Gesellschaft, fundamental. Da ist zunächst die Gesellschaft der industriellen Moderne, die weit über die Mitte des zwanzigsten Jahrhunderts hinaus unser Leben geprägt hat. In diesem Zusammenhang wird – seit Max Weber – auf die für die Moderne wegweisenden *Rationalisierungsprozesse* gezeigt. Dieser Vorgang, so Reckwitz, wird gekennzeichnet durch eine Logik des Allgemeinen: Verfahren der Standardisierung, der Formalisierung und der Generalisierung sind die Voraussetzungen für Effizienzsteigerungen, für erfolgreiche Quantifizierungen und für die weitgehende Verrechtlichung des Zusammenlebens.

Mit Vorläufern bis in die Romantik, aber seit der Mitte des letzten Jahrhunderts mit einer ausgreifenden und sich steigernden Dynamik, zeigt sich „die soziale Logik des Besonderen“: Der Begriff der Singularität umfasst in diesem Zusammenhang alle Tendenzen zur Hervorhebung des Außerordentlichen, des Individuellen, des Originellen, des Kreativen[97] und des Einmaligen. Seit einigen Jahrzehnten ist offenbar ein neues Normengefüge herangereift, das die Arbeitswelt, die Kultur, die Politik und die eigene Lebensführung umzugestalten begonnen hat. Nahezu alle Bereiche unseres Lebens wurden nun valorisiert, also einer ständigen Bewertung unterzogen. Reckwitz nennt dies „Kulturalisierung“: „Kultur ist dort, wo gesellschaftlich Wert zugeschrieben wird.“[98] Positiv bewertet wird nun alles, was sich unterscheidet (oder vermeintlich unterscheidet) von anderem. Genau das meint „Singularität“. Aber woher kam dieser Umschwung? Wieso wurde unserer Gesellschaft irgendwann in der Mitte des vergangenen Jahrhunderts umgepolt von einer Logik des Allgemeinen auf eine Logik des Besondern?

Reckwitz meint, „dass die Rationalisierung sozialer Praxis“, also die Zielgröße des *modernen* Gesellschaftstyps, „als eine Antwort auf ein Knappheits- und ein Ordnungsproblem der Gesellschaften interpretiert werden kann. Rationalisierung verspricht in diesen Hinsichten Effizienz und Stabilität. Die Kulturalisierung des Sozialen“, also die Zielgröße unserer spätmodernen Gesellschaft, „lässt sich hingegen als Antwort auf ein gesellschaftliches *Sinn- und Motivationsproblem* deuten. Hier geht es um das Wozu der Lebensformen. Kulturpraktiken – von der Mythenerzählung und kollektiven Ritualen bis hin zu Fernreisen und Computerspielen – sind Antworten

97 Vgl. Andreas Reckwitz (2012).
98 Andreas Reckwitz (2017), S. 79.

auf die Frage, wozu das – gemeinsame oder individuelle Leben – gelebt werden soll, wenn Mangel und Unordnung gebannt sind. Während die Rationalisierung auf das *Wie* antwortet, antwortet die Kulturalisierung auf das *Warum*. [...] Das Sinn- und Motivationsproblem, auf das die Kulturalisierung antwortet, ist generell so präsent wie das Effizienz- und Ordnungsproblem – und sobald die Effizienz- und Ordnungsprobleme weniger dringlich geworden sind, tritt es sogar in den Vordergrund."[99]

Sobald also in einer Gesellschaft ein hohes Maß an Stabilität und Sättigung erreicht ist, tun sich andere Fragen auf: die Warum-Fragen. Erfolgreiche Rationalisierung hinterlässt (oder kreiert) eine Lücke. Diese „Sinn- und Motivationsprobleme" lassen sich allerdings nicht nur auf die Existenzfragen klassischer Natur reduzieren. Sie verlangen keineswegs in erster Instanz nach einer religiösen, philosophischen oder therapeutischen Antwort. Die Warum-Frage bohrt sich in alle Lebensbereiche hinein und sie wird faktisch beantwortet durch Singularisierung, durch die Bildung *meiner* Singularität. Diese zeigt sich in meinem besonderen Lebensstil, in meiner Eigenart, die in allen Dimensionen meines Lebens sichtbar wird: in meiner ökonomischen Performanz, in meinem kulinarischen und ästhetischen Geschmack, in meinem Reiseverhalten, in meinen Wohnpräferenzen und meinen politischen Allianzen, in meinen Gesundheitsstrategien. Überall will ich als ein besonderes Ich wahrgenommen werden und diese Anstrengung macht eine ständige Eigenmodifikation erforderlich. Angewiesen auf permanente Statusinvestitionen muss ich „das psychophysische Subjektkapital"[100], das ich bin, ausreizen. Mein Körper ist dabei mein primäres Vermögen.

> „Auch der Körper ist in der Spätmoderne zu einem Gegenstand des singularistischen Lebensstils geworden. Während sich Bürgertum und Mittelstand in ausgesprochener Körperzurückhaltung übten, macht die neue Mittelklasse den Körper zu einem Gegenstand bewusster Gestaltung, Aktivierung und Erfahrung. Er wird in Bewegung gesetzt, und die spätmoderne Identität speist sich in erheblichem Maße aus primär körperbezogenen Praktiken. Zudem finden hier unerbittliche Prozesse der kulturellen Valorisierung statt: die gesunden und gewandten Körper stehen den ungesunden, übergewichtigen und unbeweglichen Körpern gegenüber."[101]

---

99 Ebd., S. 86f.
100 Ebd., S. 305.
101 Ebd., S. 325.

Nachdem die religiösen Sinnhorizonte für viele Menschen verblasst oder gar für die jüngere Generation in eine kulturelle Vorzeit gerückt sind, über die das Wissen abhanden gekommen ist und deren Praktiken inzwischen museal geworden sind, wird der Körper zum privilegierten Objekt einer neuen Investition in die Frage „Wozu?". „Gesund" und „ungesund" ersetzen Kategorien wie „fromm" und „unfromm". Die Orthopraxie der Körperfixierung nimmt den Platz der Orthodoxie der Glaubensbereitschaft ein. Um die Gesundheit des Körpers ist ein dichtes Normengeflecht entstanden, das die spätmodernen Subjekte dazu anhält, nicht nachzulassen bei dessen Stilisierung, Modulierung und Optimierung. Letztere werden nicht nur als Bedingungen erfolgreichen Operierens auf dem Felde der Ökonomie betrachtet, sondern auch als die sinnlichen Zeichen eines sinnhaften Lebens.

Die vorläufig letzte Grammatik, die unsere Aufmerksamkeit verdient, ist die der *Unsterblichkeit*. Es zeichnet sich seit einigen Jahren eine bemerkenswerte Renaissance des Nachdenkens über Unsterblichkeit ab. Diese findet sowohl in de Philosophie als auch in einigen der avanciertesten Technologiebereichen statt. Mark O'Connell zufolge haben wir es momentan mit „eine[r] Rebellion gegen das menschliche Dasein, wie es uns geschenkt wurde"[102] zu tun, mit einer Abkehr von allen Vorstellungen, die wir bisher über das Leben und dessen Grenzen gehegt haben, bis hin zur Verabschiedung körperhaften Existierens. Im Laufe der Bemühungen um eine Steigerung und Verbesserung menschlichen Lebens („Human enhancement") – vor allem in der Bewegung des Transhumansmus (Hans Moravec, Ray Kurzweil u. a.) – entstand die Vorstellung, Unsterblichkeit sei ein realisierbares Ideal, sobald es gelänge, die Menschen von den konservativ-evolutionären Fesseln ihres Körpers zu befreien.

Drei Stufen lassen sich hier unterscheiden, wobei jede – auf dem Weg zur Unsterblichkeit – einen radikalen Schritt in die Richtung der finalen Entkörperlichung darstellt. Auf der *ersten* Stufe der (inzwischen gängigen) *Biotechnologie* wird die Verbesserung des Körpers mittels gentechnologischer, hormoneller und neuromodifizierender Eingriffe bewerkstelligt. Das Gesundheits- und Leistungspotential des Einzelnen (und der Gattung) wird erheblich gesteigert. Auf der *zweiten* Stufe findet die Herstellung von *Cyborgs* statt, von organischen Körpern, die mit nicht-organischen Apparaten verbunden sind – mit bionischen Gliedmaßen, mit künstlichen Sinnen oder bevölkert von Nano-Teilchen, die zwecks diagnostischer oder therapeutischer Maßnahmen im Körper unterwegs sind. Bereits auf dieser Stufe

102 Mark O'Connell (2017), S. 12.

wird die Ganzheit des Körpers fragwürdig und tendenziell überflüssig. Die unterschiedlichen Gliedmaßen können sich beispielsweise an verschiedenen Orten der Welt befinden, benötigt wird lediglich eine hinreichend schnelle Internetverbindung.

Die *dritte* und radikalste Stufe wird sich von dem lästigen Körpervehikel endgültig befreit haben. Unser neuronales Netzwerk, vor allem dessen sublimstes Produkt, das Selbstbewusstsein, wäre nun vollends emanzipiert von den Schwernissen körperlichen Daseins und in intelligente Software transformiert. Die Pforte zur Unsterblichkeit, so hoffen die Anhänger dieser Strömung, ließe sich weit öffnen. Unser Selbstbewusstsein befände sich dann, falls noch Körperaffinität verlangt werde, in technologischen, nichtbiologischen Gefäßen, in „künstliche[n], humanoiden Körper[n]"[103], die gesteuert werden von Gehirn-Maschine-Interfaces. Idealiter sollte allerdings jede Körperaffinität abgestreift werden mittels einer vollständigen Auslagerung des Selbstbewusstseins mit Hilfe einer „Gesamthirn-Emulation"[104].

Auch wenn man dieses Ansinnen für eine peinliche Entgleisung der Phantasie hält, lässt sich kaum bestreiten, dass das Transhumanismus-Projekt immer mehr Menschen in seinen Bann zieht. In diesem Projekt kündigt sich jedenfalls überdeutlich an, dass in näher Zukunft zumindest ein gnadenloser Wettbewerb um Lebensverlängerungsmaßnahmen stattfinden wird. Das Streben nach *bloßer* Gesundheit würde dann zu den antiquierten Überbleibseln einer Gattung gehören, die den Sprung über sich hinaus entweder aus feiger Mutlosigkeit oder aus evolutionärer Trägheit niemals wagte. Dass dieses Projekt – trotz seines fiktionalen Aussehens – dennoch ein gewisses ‚fundamentum in re' hat und seine Blüten nicht bloß in den schattenhaften Hinterhöfen absonderlicher szientistischer Einbildungen heranwachsen, hat uns Yuval Noah Harari nahezubringen versucht. Ihm zufolge sind es Systemgründe, die uns in diese Richtung drängen, und nicht bloß die Weigerung von Einzelnen, sich mit den Endlichkeitsbedingungen ihres Lebens abzufinden. Es sei die nahezu schicksalhafte Verknotung von Wissenschaft, Technologie und Hyperkapitalismus, die uns auf eine Fahrt ohne klassischen Steuermann, aber auch ohne Rückkehr geschickt habe.

Harari macht dabei eine Feststellung, die ob ihrer Schlichtheit geradezu verblüfft, aber die Lage der Dinge bis zu einem gewissen Grad tatsächlich zu verdeutlichen vermag. Wenn wir auf die Entwicklungen im Bereich der

---

103 Ebd., S. 66.
104 Ebd., S. 82.

Künstlichen Intelligenz schauen, auf die Fortschritte nanotechnologischer Art, auf Big Data und Genetik, müssen wir nämlich gestehen, dass im Grunde niemand das Ganze noch zu überblicken vermag. Wenn man darüber hinaus in dieses Panorama auch noch die Beschleunigungen fast aller Lebensbereiche hinzuzieht, beschleicht einen das (ungute) Gefühl, dass der Versuch zur Temperierung des Tempos und zur Ausrichtung dieses Systems auf ein wie immer zu bestimmendes menschliches Maß obsolet geworden sein könnte. „Weil niemand mehr das System versteht, kann niemand es stoppen."[105]

In der Tat muss man von der Annahme ausgehen, dass eine erfolgreiche Systemsteuerung immer hinreichendes theoretisches und operationalisierbares Wissen voraussetzt. Wo dieses Wissen jedoch fehlt, wird eine Steuerung zur Illusion. Allerdings geht Harari noch einen Schritt weiter, indem er behauptet, dass die sehr unwahrscheinliche Verlangsamung jener Dynamik uns nichts nutzen wird, weil sie uns nicht retten könnte, solange wir *einen* Weg nicht gehen – den Weg zur Unsterblichkeit.

> „Wenn es uns [...] irgendwie doch gelingen sollte, auf die Bremse zu treten, wird unsere Wirtschaft samt unserer Gesellschaft zusammenbrechen. [...] [Es] braucht die moderne Wirtschaft, um zu überleben, fortwährendes und grenzenloses Wachstum. Sollte das Wachstum einmal ein Ende haben, wird es sich die Wirtschaft nicht in irgendeinem Gleichgewichtszustand bequem machen; sie wird auseinanderfallen. Deshalb ermuntert der Kapitalismus uns dazu, nach Unsterblichkeit, Glück und Göttlichkeit zu streben. Wir können nicht unbegrenzt viele Schuhe tragen, nicht unbegrenzt viele Autos fahren und nicht unbegrenzt oft Skiurlaub machen. Eine Ökonomie, die auf immerwährendes Wachstum gründet, braucht grenzenlose Projekte – wie eben das Streben nach Unsterblichkeit, Glück und Göttlichkeit."[106]

Dieses Streben übertrifft *bei weitem* die materielle Ausstattung des Lebens mit hinreichenden oder gar überbordenden Konsumgütern. In etlichen Bevölkerungen der Welt ist diese Sättigung nämlich längst zur Realität geworden, weshalb sie neue und ambitioniertere Horizonte geglückten Lebens erschließen möchten. In der Dämmerung der alten Gattung, die nur noch den Abgehängten, den Zukurzgekommenen und den Unglücksraben eine Heimat bieten wird, entstehen bereits die Konturen einer neuen

105 Yuval Noah Harari (2017), S. 75.
106 Ebd.

Menschheit – einer Post-Menschheit[107] –, die alles in Bewegung setzt, Unsterblichkeit zu erreichen. Dass die Medizin in dieser Angelegenheit eine prominente Rolle spielen wird, dürfte evident sein. „Zwischen Heilen und Verbessern verläuft (dann) keine klare Trennlinie“[108] mehr.

Das Streben nach Unsterblichkeit hat seinen Grund demzufolge nicht nur in einer Allianz zwischen philosophisch befeuerten, post-anthropologischen Phantasien und avantgardistischen Hypertechnologien biologisch-medizinischer Provenienz. Laut Harari liegt dieser Allianz ein ökonomisches Motiv zugrunde – das unbegrenzte Wachstum, das dem Kapitalismus inhäriert, braucht neue Horizonte und Absatzmärkte. Die Unsterblichkeit wird zu seinem sublimsten Produktversprechen. Die künftigen Absatzmärkte entstehen bereits in unserer Phantasie, im neuen Mythos baldiger Unsterblichkeit.

Auch wenn man diese These Hararis in hohem Maße spekulativ findet, spricht das noch nicht gegen ihre Relevanz. Ob die Aussicht auf Unsterblichkeit womöglich nicht nur fruchtbar, sondern auch furchtbar ist, steht auf einem anderen Blatt. Sie nötigt jedenfalls zu einem Nachdenken, das sich nicht mit einer simplen Moralisierung begnügen sollte. Interessanter sind die möglichen Gründe, die Triebfedern hinter dieser Entwicklung. Diese reichen eventuell weit in die Vergangenheit zurück, weiter beispielsweise als die Unsterblichkeitsprojekte in der frühen Sowjetunion.[109]

Hans Blumenberg war der Meinung, dass der Ursprung der eigentümlichen Dynamik, die von der Technik im Laufe der Neuzeit entfaltet wird, im Christentum läge. Anders als in der griechischen Antike, so Blumenberg, befand der Mensch sich hier nicht in einer homogenen und teleologisch geschlossenen Natur und war seine Freiheit nicht den Grenzen dieser Natur unterworfen. Anders als in der Antike, wo er unbekannt blieb, war es der Schöpfungsakt – die „creatio ex nihilo“ – der aus der Welt ein Hergestelltes, ein durch den göttlichen Stiftungsakt erst Hervorgebrachtes machte. Gott war gewissermaßen der erste Techniker, und weil wir dessen Ebenbild sind, war uns eine technische Zukunft in die Wiege gelegt.

> „Dass der Mensch seinem Wesen nach in Gegensatz und Auseinandersetzung mit der Natur und in ein Macht- und Vergewaltigungsverhältnis zur Natur treten kann, ist erst im Horizont der christlichen Ontologie als Möglichkeit verstehbar. [...] Erst der Mensch, der nicht sei-

---

107 Vgl. Volker Demuth (2018).
108 Yuval Noah Harari (2017), S. 76.
109 Vgl. Boris Groys/Aage Hansen-Löve (2005).

> nem Sein nach aus der Natur *hervorgeht*, sondern in sie *hineingestellt* ist und damit nicht eine ‚natürliche' und darum fraglose Vorzeichnung seiner Existenz in ihr vorfindet, ist ein potentiell ‚technischer' Mensch, der in der Auseinandersetzung mit der Natur zu leben hat."[110]

Dieser Gedanke Blumenbergs weist auf das *kreatürliche* Selbstverständnis des (europäischen) Menschen, der sich als gemacht und nicht bloß als geworden versteht. Die Natur erscheint als ein Gegenüber, als ein Anderes als er selbst, und nicht als der Schoß, aus dem er hervorgegangen ist. Aber sogar dann, als der Mensch sehr viel später, in der Spur Darwins, daran ging, sich in die Natur wieder heimisch zumachen, blieb er dort ein Fremder, ein Wesen, dem etwas fehlte. „Der Mensch *ist* ein technisches Wesen: die technische Realität ist das Äquivalent eines Mangels seiner natürlichen Ausstattung. Die moderne Technik ist daher nicht eine einzigartige Erscheinung der menschlichen Geschichte, sondern nur das ins Bewusstsein gerückte, willentlich ergriffene Durchvollziehen einer im Wesen des Menschen verwurzelten Notwendigkeit."[111]

Angesichts dieser zweifachen Herkunftsgeschichte – angesichts seiner Kreatürlichkeit und seiner evolutionär bedingten prekären Situation – muss der Appell, zum bloßen Maß der Natur zurückzukehren, als hilf- und chancenloser Versuch gewertet werden. Zwecks Rettung der Welt bliebe der Ruf zu einem Zurück zur Natur wirkungslos. Ohne erneute Intervention lassen sich die Fehler vergangener Interventionen nämlich nicht wiedergutmachen, und jede Intervention ist und bleibt eine Weise von Machtausübung. Diese Machtausübung betrifft die äußere und die innere, die eigene Natur. Auch wenn im *irdischen* Horizont einer solchen Machtausübung die Unsterblichkeitsambition lange nicht vorkam, war diese, wenn man Blumenberg folgt, bereits angelegt in den religiös in Aussicht gestellten *postmortalen* Existenzgefilden der Seele.

Aber ausschlaggebender als dies war zunächst das überdeutlich vorhandene Band zwischen Intervention und Modifikation, zwischen Technik und Umgestaltung der Natur. Solange Gott gewissermaßen noch die Oberaufsicht über dieses Geschehen innehatte, war diese Dynamik noch gebremst. Gott wachte über die Grenzen seiner Schöpfung. In dem Moment aber, wo dieser Glaube zu verschwinden begann, verlor die Welt die Rückbindung an ihren Schöpfer, der sie einst für ihre Bewohner eingerichtet hatte. In der Neuzeit verflüchtigte sich das Vertrauen darauf, dass diese

---

110 Hans Blumenberg (2015a), S. 22.
111 Ebd., S. 18.

Welt für uns gedacht und geplant und mittels Gottes Hand auf uns zugeschnitten worden war. Ihr von Gott in sie implantiertes Ziel – ihre Finalität – wurde undeutlich, später unauffindbar.

> „Das finale Moment ist jetzt nicht mehr *Inhalt* der Erkenntnis, sondern deren *Folge*, nicht mehr der Sinn der *Dinge*, sondern der Sinn ihrer Erkenntnis. Denn wenn die Erkenntnis nicht mehr eruieren kann, wozu die Dinge *sind*, kann sie doch herausbekommen, was aus ihnen und mit ihnen zu *machen* ist und *wie* sie einem Ziel des Willens unterworfen werden können. ‚Objektivität', als Ideal der neuen Wissenschaftlichkeit, bedeutet wesentlich: Ausschließung aller teleologischen Kategorien aus der Erkenntnis; aber zugleich um so entschiedener: Indienststellung der Erkenntnis für die Zwecke des Menschen."[112]

Die Erkenntnis tastet sich nicht mehr vor am Leitfaden der Zweckhaftigkeit der Dinge. Sobald diese zunächst in Zweifel gezogen und wenig später aufgegeben wird, nötigt die Natur die Erkenntnis nicht länger zur Einhaltung ihrer Grenzziehungen. Sie – die Erkenntnis oder das Weltwissen – kann sich emanzipieren von sämtlichen Vorgaben. *Die Erkenntnis wird Mittel und Zweck ihrer selbst.* Und auf diese Weise (re)konstruiert sie auch die Welt. „Dem Willen zur Konstruktion ist es irrelevant", so Blumenberg, „ob zufällig die Natur nachgeahmt wird oder ob eine dort nicht realisierte Lösung Platz greift."[113] Und wie bereits im Begriff der Konstruktion angedeutet wird nun die Technik den Platz der konservativen, also bewahrenden Teleologie einnehmen.

Die heutige Befürchtung, die Technik könne übermächtig werden, lässt jedoch noch lange auf sich warten. Mitte der fünfziger Jahre des letzten Jahrhunderts erschien von Günther Anders das Werk „Die Antiquiertheit des Menschen", worin dieser, sichtlich unter dem Schock der Atombombenabwürfe, das Ende des menschlichen Zeitalters gekommen sah. Ganz so drastisch konnte und wollte Blumenberg das Zeitgefühl nicht zum Ausdruck bringen. Aber bereits im Jahre 1951 kam auch er nicht umhin, Bedenken angesichts des rasanten Kurses der Technik zu formulieren, wobei auch Blumenberg unter den Schattenwürfen der Bombe dachte. Im Mittelpunkt stand jedoch nicht nur das bedrohliche Ausmaß der Wirkungen der Technik, sondern, wie viel später bei Harari, die Nichtsteuerbarkeit des ganzen Prozesses. „Als Grundzug der technischen Sphäre enthüllt sich mehr und mehr ihre *Autonomie*, die zunehmende Unverfügbarkeit für den

112 Hans Blumenberg (2015b), S. 71.
113 Hans Blumenberg (2015c), S. 119.

Menschen, das Überspielen seiner Entschlüsse, Wünsche, Bedürfnisse durch eine Dynamik der Sache, die dem gesamten Leben der Epoche einen unverkennbaren homogenen Stil aufprägt."[114]

Die Technik wird nun zur Signatur einer Epoche, worin ihr Urheber von seiner Erfindung überholt und in eine Zukunft gedrängt wird, über die er selbst nicht mehr zu befinden haben wird. Das Gefühl, ohnmächtig zu sein, nimmt überhand. Auf eine bemerkenswerte Weise verfügte bereits Blumenberg über ein feines Gespür dafür, dass das anthropozentrische Zeitalter seinem Untergang womöglich entgegenginge. Die Handlungsmacht hatte der Mensch offenbar, unwillentlich und zunächst noch unwissentlich, an die Technik abgetreten. Das Nicht-länger-zu-Hause-sein des Menschen als künftige Wirklichkeit kündigte sich in dieser Ohmachterfahrung an.

> „Als ein Überlebender der ersten Natur ist der Mensch in diese zweite, von ihm gegründete, verschlagen; die Situationen mehren sich, in denen er ihr nicht gewachsen ist, die Forderung der Anpassung nicht zu erfüllen vermag und den Vorwurf, eine ‚Fehlkonstruktion' zu sein, hinnehmen muss. Dieser bestürzende Vorgang wird heute mit Vorliebe die ‚Dämonie der Technik' genannt, worin die verhängnisvolle Resignation verrät, auf ein vom Menschen inauguriertes Phänomen aus den Möglichkeiten des Menschen heraus zu entgegnen."[115]

Heute befinden wir uns ein halbes Jahrhundert später in einer Situation, die Blumenberg noch nicht ahnen konnte. Der Vorwurf der „Fehlkonstruktion" ist in den Philosophien des Transhumanismus nämlich zu einem Abgesang und einer Verheißung zugleich geworden. Die Technik nötigt hier zu euphorischen und nicht zu dämonischen Gestimmtheiten. Die Arbeit an der post-humanen Existenz bildet die Vorhut einer gewaltigen Transformation der Medizin.

---

114 Hans Blumenberg (2015a), S. 18.
115 Hans Blumenberg (2015b), S. 79.

VI. Güter

Bedeutung

Gesundheit ist ein hohes Gut. Sie genießt große Wertschätzung, denn sie hat geradezu eine existenzielle Bedeutung. Aber sie ist auch eine wichtige Voraussetzung persönlichen Erfolgs im Konkurrenzmilieu hochmoderner Gesellschaften. Wer Schritt halten möchte, wird dazu angehalten, sich um seine Gesundheit zu kümmern. Letzteres meint nicht bloß die Sorge um ihren Erhalt, sondern ebenso um ihre Steigerung. Die (einst) alterstypische Gesundheitsnorm ist zu Recht nicht länger gültig, denn unsere Lebensumstände und die medizinische Versorgung, die uns in aller Regel zur Verfügung steht, haben unsere Ambitionen verändert. Wir wollen möglichst lange möglichst gesund leben. Gesundheitswettbewerbe stacheln uns an, die Grenze zu verlegen: Was noch gesund erscheint, kann morgen bereits krankheitsverdächtig sein. Grenzbewusstsein, also die Anerkennung von Grenzen, steht im Verdacht, Versagerbewusstsein zu sein. Darüber hinaus ist die Sorge um die eigene Gesundheit in zunehmendem Maße in den Zuständigkeitsbereich des Einzelnen verlagert worden. Er ist ihr Protagonist.

Unsere Gesundheit hat einen *Optimierungsindex* erhalten. Wir sind zu Arbeitern an der eigenen Gesundheit geworden oder – besser gesagt – zu Unternehmern in eigenen Gesundheitsangelegenheiten. „Unterstellt wird mithin nicht Perfektionismus, sondern Perfektibilität und ein Wille zur Perfektionierung [...]. Perfektionierung versteht sich hier als Meliorisierung (eben: Optimierung) spezifischer Eigenschaften oder Fähigkeiten."[116] Verbesserung oder Optimierung hat es immer gegeben. Anthropologisch formuliert: Menschen sind bereits aus evolutionären Gründen verbesserungspflichtige Wesen, denn ohne diesen Impuls hätten sie nie überlebt. Aber dieser Impuls richtet sich nicht mehr auf ein bestimmtes Ideal, das man realisieren, auf eine Norm, die man erreichen möchte – auf eine Perfektion. Die Verbesserung ist nun selber zur Norm geworden. Es geht immer *noch* besser. Genau das ist mit Perfektibilität gemeint – die unablässige Optimierung.

Gesundheit stellt längst nicht mehr die bloße Abwesenheit von Krankheit dar – „negative Gesundheit" –, sondern muss als „positiver Wert" be-

---

116 Sabine Maasen (2012), S. 145.

trachtet werden, der zumindest im Grundsatz steigerungs- und ausdehnungsfähig ist. Vor diesem Hintergrund müssen wir die tendenzielle Ablösung des „Medizinsystems“ durch ein „Gesundheitssystem“ verstehen. Die „Vergesundheitlichung“[117] (Volker H. Schmidt) der Bevölkerung steht immer mehr im Zentrum der gesundheitspolitischen Aufmerksamkeit, wobei der Einzelne Dreh- und Angelpunkt der Umsetzung der an ihn adressierten Gesundheitsimperative ist.

Gesundheit ist für den Einzelnen von *überragender* Bedeutung. Seine Existenz ist zutiefst gesundheitsimprägniert. Aber ist sie deshalb ein *privates* Gut, für dessen Realisierung vor allem der Einzelne zuständig ist? Um das zu klären, wenden wir uns zunächst einer Theorie der Güter zu. In einer solchen Theorie wird in aller Regel zwischen zwei Arten von Gütern unterschieden – zwischen öffentlichen und privaten Gütern. Aber zunächst müssen wir klären, was ein Gut überhaupt ist. *Ein Gut ist ein Sachverhalt, den wir schätzen.* Diese einfache Formulierung macht sofort klar, dass es eine Fülle an Gütern gibt. Diese Fülle entspricht der vermutlich unübersehbaren Menge an Sachverhalten, die Menschen schätzen. Ein Gut ist immer wichtig *für mich*, also für die jeweilige Person – und wir sind viele. Dabei ist keineswegs ausgemacht, ob das, was wichtig für mich ist, auch über mich hinaus ein wirkliches *Gewicht* für andere Personen hat. Deshalb müssen wir das Augenmerk auf die verschiedenen Arten von Gütern richten.

Im Hinblick auf die Gesundheit sollte man sogar dreierlei Güter unterscheiden: die *existenziellen* Güter, die *privaten* Güter und die *öffentlichen* Güter. Zunächst sieht es so aus, als ließen sich die Unterscheidungen leicht bewerkstelligen. *Existenzielle* Gütern sind demnach solche, die für das Dasein eines jeden Menschen eine fundamentale Relevanz besitzen und deren Fehlen eine gravierende Einschränkung des Lebensqualität zur Folge hat. Es leuchtet ein, dass die Gesundheit ein solch existenzielles Gut darstellt. Sie ist ein Bestandteil der *condition humaine.* Es gibt vermutlich nur wenige Menschen, die ihre Gesundheit als vernachlässigungswertes Gut betrachten würden. Ohne sie ist das Leben – sei es temporär oder im Ganzen – erschwert. Insofern ist die Gesundheit ein *konditionales* Gut: Sie übt einen erheblichen Einfluss auf all unsere Lebensverrichtungen aus. Sie erfreut sich einer hohen Wertschätzung. Gesundheit ist ein konditionales Gut, weil unsere Lebensgestaltung von ihrem Zustand in hohem Maße abhängt. Mit John Rawls bezeichnen wir die Gesundheit deshalb als ein „primary good“, als eines der *Grundgüter*.

117 Volker H. Schmidt (2016), S. 19.

Allerdings hat diese Auszeichnung der Gesundheit als ein *existenzielles* und *konditionales* Gut nicht zur Folge, dass Menschen mit eingeschränkter Gesundheit kein sinnvolles oder glückliches Leben führen können. Gesundheit stellt keine Glücksgarantie dar, und Krankheit bedeutet keine Unglücksgarantie. Darüber hinaus würde die Behauptung keineswegs zutreffen, dass Gesundheit immer als das *höchste* Gut im Leben betrachtet wird. Das ist längst nicht immer der Fall.[118] Das hohe Ansehen der Gesundheit bedeutet noch längst nicht, dass sie alle anderen Güter hinsichtlich deren Relevanz schlägt. Aus beruflichem oder sportlichem Ehrgeiz nehmen Menschen gelegentlich und zwar wissentlich und willentlich nicht unbeträchtliche Gesundheitsgefährdungen in Kauf.

Und es mag auch andere Gründe geben, die eigene Gesundheit hintanzustellen. Genussgüter verschiedenster Art – von subkultureller bis hochkultureller Natur – können uns motivieren, die eigene Gesundheit zu relativieren. „Die intrinsischen Eigenschaften von Krankheit führen zu einer positiven Bewertung von Gesundheit, gleichwohl ist Gesundheit ein Wert, der von unserer Bewertung abhängt, also in seiner Ausprägung subjekt-relativ ist."[119] Genau diese Subjekt-Relativität hat zur Folge, dass Gesundheit keineswegs das höchste Gut sein *muss*. An ihrem existenziellen Status ändert dies freilich wenig oder nichts.

Die Qualifizierung der Gesundheit als ein existenzielles und konditionales Gut gibt keine Auskunft über den privaten oder öffentlichen Charakter dieses Guts. Die Prädikate „privat" und „öffentlich" beziehen sich nämlich auf die Frage, wer für die Gewährleistung eines Guts zuständig ist. Wer in welchem Maße zuständig ist, sobald beispielsweise Mittel im Gesundheitswesen angemessen verteilt werden müssen, und welche institutionelle Struktur dieser Verteilung angemessen ist, lässt sich jedenfalls *nicht* klären, indem man die Gesundheit als ein existenzielles und konditionales Gut auszeichnet. Aber wie lassen sich die privaten von den öffentlichen Gütern unterscheiden?

Die *privaten* Güter sind solche, deren Wertschätzung uns freigestellt ist. Diese bleibt uns überlassen. Das heißt: Ihre Wertschätzung steht in unserem Belieben. Niemand kann von uns verlangen, sie zu schätzen. Unsere Präferenzen sind hier *unsere* Präferenzen. Wir sind frei, diese Güter zu erstreben. Und sie haben deshalb keinerlei Verpflichtungen auf Seiten Dritter zur Folge. Die Wahl zwischen Mozart und Madonna bleibt mir überlassen. Ob die Klassik oder der Pop *für mich* ein Gut ist, hängt von meiner

---

118 Vgl. Gunnar Stollberg (2013)..

119 Stefan Huster/Thomas Schramme (2016), S. 54.

Willkür ab. Niemand kann darum verpflichtet werden, für die Realisierung dieser Güter einen Beitrag zu leisten. Bestenfalls lässt sich argumentieren, dass es eine gewisse öffentliche Pflicht gibt, einen Rahmen bereitzustellen, in dem Menschen zwischen verschiedenen Varianten eines privaten Guts wählen können. Kulturpolitik sollte die Bandbreite kultureller Präferenzen berücksichtigen. Aber es gibt keinerlei Pflicht, alle Präferenzen zu berücksichtigen.

Ganz anders dagegen ist es um die *öffentlichen* Güter bestellt. Diese werden herkömmlicherweise aufgrund dreier Kriterien von den privaten Gütern unterschieden. Diese Kriterien beziehen sich allesamt auf die *Eigenschaften* öffentlicher Güter. In der Ökonomie spricht man von drei Prinzipien, die sich auf diese Eigenschaften richten: das Nicht-Ausschlussprinzip, das Nicht-Rivalitätsprinzip und das Nicht-Teilbarkeitsprinzip. Am wichtigsten sind die beiden ersten. Das dritte Prinzip folgt gewissermaßen aus ihnen. Wir konzentrieren uns auf die zwei Erstgenannten. Was bedeutet „Ausschluss“ und was bedeutet „Rivalität“ in diesen Prinzipien?

Das *Ausschlussprinzip* besagt, dass diejenige Person von dem Konsum eines Gutes ausgeschlossen ist, die nicht bereit oder nicht berechtigt ist, den entsprechenden Preis für dieses Gut zu entrichten. Wer für ein Fußballspiel oder ein Konzert den Preis nicht bezahlen will (oder kann), bleibt ausgeschlossen. Das *Rivalitätsprinzip* besagt, dass ein Gut, das von einer Person A konsumiert wird, nicht von Person B konsumiert werden kann. Wer kein Ticket für das Fußballspiel oder für das Konzert bekommt, weil andere Personen diese Eintrittskarten bereits konsumiert haben, ist der Unterlegene in einem rivalitätsgeprägten Feld. Dort, wo das Ausschlussprinzip oder das Rivalitätsprinzip (oder beide) gelten, ist es in aller Regel der Markt, der den Konsum reguliert. Dabei meint „Konsum“ die Inanspruchnahme des Gutes, seinen Verzehr im buchstäblichen oder übertragenen Sinne.

Was sind nun öffentliche Güter? Das sind solche, so Gebhard Kirchgässner in seinem Standardwerk über den „Homo Oeconomicus“, bei denen mindestens eines dieser beiden Kriterien *nicht* erfüllt ist.[120] Am Beispiel der „Rechtssicherheit“ lässt sich das verhältnismäßig einfach illustrieren. Wir können Bürger und Bürgerinnen von diesem Gut nämlich nicht ausschließen, auch wenn sie nicht bezahlen (können) oder keinen Beitrag leisten (können) zu den erheblichen finanziellen Aufwendungen, die der Staat über Steuern aufbringen muss. Ein solcher Ausschluss käme einer außerordentlichen Verletzung rechtsstaatlicher Prinzipien gleich. Darüber hinaus wäre eine solche Exklusion geradezu selbstwidersprüchlich, denn

120 Gebhard Kirchgässner (2008), S. 53.

Rechtssicherheit *bedeutet* vor allem (aber nicht nur) Gleichheit vor dem Gesetz und Gewährleistung seiner Inanspruchnahme. Das Nicht-Ausschlussprinzip kommt hier zur Geltung, weshalb wir von einem *öffentlichen* Gut zu sprechen berechtigt sind.

Die Rechtssicherheit ist darüber hinaus nicht-rivalisierend, denn dieses Gut würde sich geradezu auflösen, falls seine Inanspruchnahme die Rechtssicherheit einer anderen Person beeinträchtigte oder vernichtete. Auch hier gilt, dass Rechtssicherheit *bedeutet*, dass der Zugang zum Recht und die Schutzwirkung des Rechts von Rivalitäten, die beispielsweise durch Statusunterschiede bedingt wären, unabhängig sein müssen. Das Nicht-Rivalitätsprinzip kommt hier zum Tragen, weshalb wir erneut von einem *öffentlichen* Gut sprechen dürfen. Aus dem Gesagten folgt nun auch das dritte Prinzip – das der Nicht-Teilbarkeit. Wer die Rechtssicherheit aufteilt, hebt sie auf. Was folgt aus diesen Überlegungen für das Gut der Gesundheit? Wir haben bereits gesehen, dass wir uns mit seiner Kennzeichnung als einem existenziellen und konditionalem Gut nicht zufriedengeben dürfen. Ist dasjenige, was wir am Beispiel der Rechtssicherheit gezeigt haben, dass diese nämlich ein öffentliches Gut ist, auch einschlägig für die Gesundheit?

Die drei genannten Prinzipien helfen uns bei der Unterscheidung von privaten und öffentlichen Gütern. Aber sie reichen nicht aus. Erneut sei dies am Beispiel der Rechtssicherheit erläutert. Im Falle dieses zweifellos öffentlichen Gutes liefert uns bereits die *Bedeutung* der Rechtssicherheit eine hinreichende Auskunft über ihren Güter-Status: Aus der Bedeutung der Rechtssicherheit geht *analytisch* hervor, dass sie ein öffentliches Gut darstellt. Wir hätten ihre Bedeutung verfehlt und würden sie gründlich falsch verstehen, wenn wir sie für teilbar, rivalitätsgeprägt und ausschlusshaltig hielten. Wenn jemand die Rechtssicherheit als privates Gut bezeichnete, ließe sich ihm also entgegenhalten, er hätte etwas nicht richtig verstanden, nämlich den bloßen Gehalt jenes Begriffs.

Das alles aber gilt im Falle der Gesundheit offenkundig nicht. Wir können nämlich ohne Selbstwiderspruch behaupten, dass mangels finanzieller Gegenleistung Menschen von der Behandlung einer Erkrankung ausgeschlossen werden dürfen. Und wir können ebenfalls widerspruchsfrei behaupten, dass Gesundheitsleistungen einen rivalisierenden Charakter haben. Es sei nichts einzuwenden gegen eine Konkurrenz um Zugangsbedingungen zu den Leistungen des Gesundheitswesens. Gelegentlich hört man den Satz, Gesundheit sei ebenso wie das Einkommen vor allem das Resultat von Leistung und Glück. Menschen seien in hohem Maße zuständig für ihre Gesundheit, weshalb *meine* Gesundheit die einer anderen Person weder ausschließt noch mit ihr rivalisiert. *Deine* und *meine* Gesundheit sind eben teilbar. Ihre ungleiche Verteilung sei genauso wenig unfair wie die Einkommensunterschiede, die in freiheitlichen Gesellschaften (in der Tat) unvermeidbar sind.

Wie kommen wir weiter? Wir wissen bereits, dass wir aufgrund ihrer weitreichenden, existenziellen Bedeutung für unsere Lebensführung die Gesundheit als ein *konditionales* Gut bezeichnen sollten. Ob dieses Gut nun ein privates oder ein öffentliches Gut darstellt, lässt sich auf der Grundlage dieser Information nicht entscheiden. Die Konditionen der Gesundheit, also jenes Gefüge von Faktoren, die unsere Gesundheit prägen, zeigen jedoch, dass die in unserer Kultur vorhandene Tendenz, Gesundheit als ein privates Gut zu betrachten, in hohem Maße kontraintuitiv ist. Um unsere Gesundheit ranken sich vielfältige Faktoren, die in ihrer Mehrzahl von uns kaum oder sogar überhaupt nicht modifiziert werden können.

Gesundheit ist ein *konditioniertes* Gut, so dass es plausibel ist, sie als ein *öffentliches* Gut zu bezeichnen. Gesund oder krank sind Menschen in einem komplexen Netzwerk von Bedingungen, das sie im Grunde zu keiner Zeit verlassen können. Teils sind wir dort Personen mit einer Prägung, die sich nicht abstreifen lässt. Teils sind wir abhängig von Anderen und teils üben die Umstände auf unseren Gesundheitszustand einen Einfluss aus, den wir nicht oder kaum verändern können.

Mit Blick auf die drei genannten Kriterien (Nicht-Ausschluss, Nicht-Rivalität, Nicht-Teilbarkeit), die bei der Unterscheidung öffentlicher Güter von privaten Gütern zur Anwendung kommen, scheint deshalb Vieles dafür zu sprechen, Gesundheit als ein öffentliches Gut zu betrachten: Die Gesundheit des Einen rivalisiert beispielsweise nicht mit der Gesundheit des Anderen. Ganz im Gegenteil – das komplexe Konditioniert-Sein von Gesundheit zeigt auf eine äußerst starke Interdependenz. Meine Gesundheit nimmt der Gesundheit des Anderen nichts weg, es sei denn, wir lebten in extremen Verhältnissen, in denen wir um das knappe Gut der Gesundheit zu konkurrieren gezwungen wären. Das komplexe, unsere Gesundheit *konditionierende* Netzwerk von Faktoren zeigt mit aller Deutlichkeit, dass wir im Grunde *gemeinsam* gesund oder krank sind. Erhebliche Anteile unserer Gesundheit sind *gemeinschaftsabhängig*.

Aber abgesehen von der empirischen Plausibilität, die den genannten Konditionen eigen ist, spielt die *Deutung* der Gesundheit eine erhebliche Rolle, sobald wir über die Fundamente eines Gesundheits*systems* nachdenken. Natürlich sollte dieses jenen Konditionen Rechnung tragen, aber die Auffassungen über Gesundheit, die in einer Gesellschaft vorhanden sind, üben einen ebenso wichtige Einfluss auf die Systemgestaltung aus. Öffentliche Güter müssen nämlich *verteilt* werden. Der bedeutende US-amerikanische politische Philosoph Michael Walzer hat immer wieder darauf hingewiesen, wie sehr Deutungen der Gesundheit und die in ihnen enthaltenen Wertungen das „Gut" der Gesundheit prägen und infolgedessen über die Distribution und Allokation der Mittel mitentscheiden.

> „Menschen ersinnen und erzeugen Güter, die sie alsdann unter sich verteilen. Hier gehen Konzeption und Herstellung von Gütern ihrer Verteilung voraus, d. h. diese wird von jenen bestimmt. Güter tauchen nicht einfach irgendwann in den Händen von Distributionsagenten auf, die sie entweder nach Belieben oder nach einem Generalprinzip verteilen. Es ist vielmehr gerade umgekehrt: die Güter sind es, die mit ihren und wegen ihrer Bedeutungen das entscheidende Medium von sozialen Beziehungen bilden; ihre Geburtsstätten sind die Köpfe der Menschen, dort nehmen sie Gestalt an in der sie hernach in deren Hände gelangen; die sich herausbildenden Verteilungsmuster richten sich an den gemeinsamen Vorstellungen davon aus, die von den Gütern ausgehen, die sie in Händen halten; man könnte fast sagen, dass die Güter sich selbst unter die Menschen verteilen."[121]

Die *Bedeutung* der Gesundheit unterliegt im Laufe der Zeit erheblichen Modifikationen: Anders als in der Gegenwart haben Menschen ihre Gesundheit jahrhundertelang keineswegs als ein existenzielles Gut gesehen. Sie war ihnen gewiss nicht unwichtig, aber die Antwort auf die Frage nach dem Heil oder Unheil, das ihnen nach ihrem Tod erwartete, besaß eine viel höhere Dringlichkeit. Die Bedeutung ihrer Gesundheit stand nicht an erster Stelle. Uns dürfte heute diese Auffassung weitgehend fremd sein, sogar dann, wenn wir religiöse Einstellungen zum Leben hegen. Wir teilen miteinander die Auffassung, dass Gesundheit in unserer Kultur ein *wichtiges* Gut ist. Und es gibt starke Gründe, die darauf hinweisen, dass sie ein öffentliches Gut darstellt.

Aber gerade *weil* das so ist, bekommt auch die gerechte Verteilung von Mitteln im Gesundheitswesen („just health care") *und* die gerechte Verteilung von Gesundheit („just health") einen so hohen und dringlichen Stellenwert. In diesem Zusammenhang kommen Zweifel auf, ob beispielsweise der Markt in der Lage ist, diese gerechte Verteilung zu bewerkstelligen. Wenn Gesundheit ein öffentliches Gut darstellt, sind der *Marktkonformität* der Gesundheitswesen vermutlich Grenzen gestellt. An dieser Stelle muss der Hinweis genügen, dass kranke Menschen Patienten sind und keine Kli-

---

121 Michael Walzer (2006), S. 31.

enten oder Kunden, denn sie sind sorge- und hilfsbedürftige Personen. Gelegentlich wollen Kunden geholfen werden, aber hier ist nicht die Hilfe gemeint, die Patienten benötigen.

> „Vor diesem Hintergrund erweist sich die [...] marktorientierte Handlungsoption, bei mangelhafter Leistungsqualität von Gesundheitsleistungen einen anderen Anbieter zu wählen, als wirklichkeitsfremd und prinzipiell funktionsunfähig. Auf Marktkonformität orientierte Modernisierungsleistungen sind deshalb im Grunde nichts anderes als Transformationen, und zwar nicht der Mechanismen des Systems, sondern zu aller erst seiner Werteorientierung und Ziele. Marktoptionen in der Gesundheitsversorgung sind deshalb im Grunde Modell ohne adäquate Verkäufer- und Kundenkonzepte."[122]

Walzer befürchtet, dass die Logik des Marktes, also die typische Marktrationalität, das Gut der Gesundheit gleichsam infiziert mit einer ihm fremden Rationalität. Abgesehen davon, dass der Marktteilnehmer – der „homo oeconomicus" – sich Anforderungen stellen muss, die einem Patienten, gerade weil er Patient ist, völlig überfordern würde, hätte die Markorientierung zur Folge, dass im Gesundheitswesen die sozialen Unterschiede, die der Markt ‚nolens volens' produziert, *re*produziert würden. „Kein soziales Gut X sollte ungeachtet seiner Bedeutung an Männer und Frauen, die im Besitz eines anderen Gutes Y sind, einzig und allein deshalb verteilt werden, weil sie dieses Y besitzen."[123]

Dennoch sind wir selbstverständlich in der Lage, das Gut der Gesundheit so zu interpretieren, dass es als ein privates Gut *erscheint und akzeptiert wird*. Wir tätigen dann Investitionen in die eigene Gesundheit, mit denen wir um ihr Optimum mit anderen konkurrieren. Das angemessene Milieu, um das zu tun, ist dann der Markt. Vieles weist darauf hin, dass diese Auffassung mittlerweile weit verbreitet ist. Walzer zufolge sind solche Interpretationen folgeträchtig. Zunächst konfigurieren sie unser Bild von Gesundheit, alsbald tun sie das mit den Institutionen des Gesundheitswesens ebenso.

> „Menschen ersinnen und erzeugen Güter, die sie alsdann unter sich verteilen. Hier gehen Konzeption und Herstellung von Gütern ihrer Verteilung voraus, d. h. diese wird von jenen bestimmt. Güter tauchen nicht einfach irgendwann in den Händen von Distributionsagenten

122 Jens-Uwe Niehoff/Bernhard Braun (2010), S. 206.
123 Michael Walzer (2006), S. 50.

> auf, die sie entweder nach Belieben oder nach einem Generalprinzip verteilen. Es ist vielmehr gerade umgekehrt: die Güter sind es, die mit ihren und wegen ihrer Bedeutungen das entscheidende Medium von sozialen Beziehungen bilden; ihre Geburtsstätten sind die Köpfe der Menschen, dort nehmen sie Gestalt an in der sie hernach in deren Hände gelangen; die sich herausbildenden Verteilungsmuster richten sich an den gemeinsamen Vorstellungen davon aus, die von den Gütern ausgehen, die sie in Händen halten; man könnte fast sagen, dass die Güter sich selbst unter die Menschen verteilen."[124]

Es handelt sich also um einen „Streit der Interpretationen" (Paul Ricoeur) mit weitreichenden Konsequenzen. Niemand hindert uns daran, das Gut der Gesundheit als ein *privates* Gut zu betrachten, das am erfolgsträchtigsten mittels Markstrategien realisiert werden sollte. Wir *können* sämtliche Informationen über die *Konditionen* von Gesundheit über Bord werfen, damit der Charakter der Gesundheit als ein öffentliches Gut seine empirisch gestützte Plausibilität verliert. Tun *sollten* wir das aber nicht, denn die Verteilung des Guts sähe dann völlig anders aus.

124 Ebd., S. 31.

VII. Gemeinschaft

Wenn wir die sozialen Kontexte des Gesundheitswesens besser verstehen wollen, müssen wir die Blickrichtung erweitern und historisch vertiefen. Es gibt eine überaus berühmte Abhandlung der Soziologie, die uns hier behilflich sein kann. Wir meinen Ferdinand Tönnies' „Gemeinschaft und Gesellschaft". Das Buch erschien im auslaufenden neunzehnten Jahrhundert, genau genommen im Jahre 1887, und zählt bekanntlich zu den Standardwerken moderner Soziologie. Die beiden genannten Begriffe sind programmatisch und signalisieren bei Tönnies nichts weniger als eine Verfalls- oder Verlustgeschichte. Die Gemeinschaft gilt ihm als eine Verbindung, die „organisches Leben" zur Voraussetzung hat, die Gesellschaft als ein loser Verbund, dem „mechanische Bildung"[125] zugrunde liegt. Modernisierung bedeutet für ihn die Lockerung der Beziehungen zwischen Menschen, ihre tendenzielle Vereinzelung und die wachsende Künstlichkeit ihrer Lebensformen.

Die im Titel konzentrierte programmatische terminologische Opposition war bereits zu Tönnies' Zeiten nicht mehr ganz neu. Im Gegenteil: Der Prozess der Modernisierung wurde seit der Romantik mittels dieser und ähnlicher Gegenüberstellungen in ein Narrativ verwandelt, das zu wählen zwang zwischen Progress und Regress, zwischen Gewinn und Verlust. Der Begriff der „Gemeinschaft" jedenfalls signalisiert eine konservative Rückwärtsorientierung angesichts des neuen Typus der „Gesellschaft". Dieser Begriff ist keineswegs frei von Nostalgie, weshalb Helmuth Plessner den Gemeinschaftsgedanken wegen des unterschwelligen Versprechens einer wiederherzustellenden organischen Harmonie sogar „trügerisch"[126] nannte.

Keineswegs frei von dieser Nostalgie ist Tönnies in der Tat. In der Gesellschaft seien Menschen anders als in der Gemeinschaft „nicht wesentlich verbunden, sondern wesentlich getrennt". Oder anders formuliert: In der Gemeinschaft wären sie „verbunden […] bleibend trotz aller Trennungen", in der Gesellschaft wiederum „getrennt bleibend trotz aller Verbundenheiten"[127]. Offenbar diagnostizierte Tönnies im Übergang von „Gemeinschaf-

125 Ferdinand Tönnies (2005), S. 4.
126 Helmuth Plessner (2001), S. 25.
127 Ebd. S. 34.

ten" zu „Gesellschaften" eine Lockerung des Beziehungsgeflechts ihrer Mitglieder, einen Verlust sozialer Kohärenz und sogar eine zunehmende Vereinzelung ihrer Bewohner. Dies sei der Preis für die Modernisierung.

In einer etwas rätselhaften Formulierung spricht Tönnies im Laufe seiner Abhandlung von der Gemeinschaft als einem „Verhältnis der Leiber", dem die Beziehung zu den Gegenständen von „sekundärer Natur"[128] sei. Der Umkehrschluss müsste dann lauten: In der Gesellschaft sind die Beziehungen zu den Gegenständen primär, die zu den Leibern sekundär. Oder besser: Die Leiber werden nun *wie* Gegenstände behandelt und zwar über den Umweg des Geldes. Diese Veränderung hatte auch Georg Simmel im Sinne, als er von der Verdrängung des „Menschenwertes" durch den „Geldwert" im Laufe des Modernisierungsprozesses sprach.[129]

Was ist aber mit dem „Verhältnis der Leiber" gemeint? Tönnies geht offenbar davon aus, dass der Leib der Anderen uns gleichgültiger geworden sei, die Bedeutung materieller Dinge dagegen wichtiger. Dass die westliche Modernisierung für zahlreiche Menschen ein Anwachsen der materiellen Lebensqualität zur Folge gehabt hat, dürfte unstrittig sein. Aber ist uns der Leib der Anderen tatsächlich gleichgültiger geworden? Spricht nicht Vieles eher *gegen* diese Diagnose, beispielsweise die Erotisierung zahlreicher Lebensbereiche, aber auch die sogenannte Erfolgsgeschichte der Medizin? Sind die Auffassungen von Tönnies nicht gefährlich-nostalgischer Natur, weil er die vormoderne Gewaltgeschichte, die dem menschlichen (und tierischen) Körper anhaftet, gänzlich zu vergessen scheint? Oder antizipiert er hellsehend den späteren und immensen Marktwert, den unsere Körper in der heutigen Kultur besitzen?

Es mag hilfreich sein, an dieser Stelle an eine ähnliche Gegenüberstellung zu erinnern, die Hans Ulrich Gumbrecht vor einigen Jahren in die kulturwissenschaftliche Debatte eingebracht hat. In „Diesseits der Hermeneutik" führt Gumbrecht die Begriffe „Präsenzkultur" und „Sinnkultur" ein und auch hier handelt es sich um einen Übergang epochalen Ausmaßes. Allerdings wird nun keine Verlustgeschichte erzählt. Im Gegenteil. Es wird die einschneidende Veränderung der Gewohnheiten beschrieben, mit denen wir die Welt und uns selbst wahrnehmen und interpretieren – im Übergang von einer Präsenz- zu einer Sinnkultur. Wobei man genauer sagen sollte, dass in einer „Präsenzkultur" nicht die Interpretation dominiert, sondern ein anderer Habitus – die sinnlich-räumliche Nähe zu den

---

128 Ebd., S. 46.
129 Georg Simmel (1989), S. 482 ff.

Dingen, der Primat der materiellen Welt, die Nähe der Körper zueinander. Bis weit in die Neuzeit habe dieser Typus der Präsenzkultur dominiert.

Erst in der sich anbahnenden „Sinnkultur" der frühen Moderne werden, so Gumbrecht, unsere Beziehungen zur Welt und zu uns selbst abstrakter. Die Distanz wächst und die Reichweite wird größer. Das Fernrohr darf als das wichtigste und früheste Beispiel der sich anbahnenden Veränderung gelten. Das menschliche Selbstbewusstsein und mit ihm die Selbstreflexion rücken in das Zentrum unserer Subjektivität. Seitdem müssen wir uns selber und die Welt vor allem *deuten*. In einer „Präsenzkultur" waren die zwischenmenschlichen Beziehungen konkreter, unmittelbarer. „Die Menschen", schreibt Gumbrecht, „halten ihren Körper für einen integralen Teil ihres Daseins."[130] Das heißt aber auch: Es herrscht eine Distanzlosigkeit gegenüber dem eigenen und fremden Körper vor, weshalb Gewalt sowohl stark verbreitet als auch in einem hohen Maße akzeptiert ist.

Auch hier haben wir es mit einem „Verhältnis der Leiber" zu tun, das den Umgang der Menschen mit einander strukturiert. Aber dieses „Verhältnis der Leiber" lässt sich keineswegs als eine vorbildliche Haltung stilisieren, für die das Verhältnis zu den Gegenständen bloß sekundärer Natur ist. Ganz im Gegenteil – die Präsenzkultur mit ihrem Primat der Körper kannte keine Scheu, diese grausam und unter Inanspruchnahme einer hohen Gewalttoleranz zu malträtieren. Zur Schau gestellte Grausamkeit wie in den öffentlichen Hinrichtungsritualen war unproblematisch. Dennoch lässt sich auch für Gumbrecht im Übergang zwischen seinen beiden Kulturtypen ein Verlustkonto feststellen. Die moderne Fixierung auf die Entschlüsselung von „Sinn" und „Bedeutung" hat eine Unterschätzung all jener Weltbestandteile zur Folge, welche unsere Sinnlichkeit affizieren. Man braucht nur an Max Webers Rationalisierungsnarrativ zu erinnern, um diese Rückversetzung des Körpers in den zweiten Rang nachzuvollziehen.

Zu Nostalgie und Rückwärtsgewandtheit besteht bei Gumbrecht allerdings kein Anlass. Die beiden Kulturtypen sollten als Modelle verstanden werden. Bei Tönnies dagegen steht die „Gesellschaft" unter keinem guten Stern. Tönnies wertet außerordentlich stark, Gumbrecht beschreibt und bleibt vorsichtiger. Aber beide Autoren zeigen auf einen Sachverhalt, der zivilisationsgeschichtlich unstrittig sein durfte – auf die im Laufe der Moderne wachsende *Kontrollierung* des menschlichen Körpers. Für Tönnies ist dies verbunden mit seiner Vereinzelung und Vergegenständlichung und in einem mit einer Schwächung jener Solidarität, die ihm zufolge auf der Nähe der Leiber zueinander beruhte. Für Gumbrecht führt die Überbeto-

130 Hans Ulrich Gumbrecht (2004), S. 101.

nung der Interpretation, also der Primat des Sinnes oder der Bedeutung, zu einer Vernachlässigung der sensiblem Qualitäten des Lebens, insofern diese nicht kontrollierbar sind. Erst mittels der Kontrollierung und Steuerung des Leibes sind wir auf der Spur des Sinns unseres Daseins.

Diese Entwicklung hat ein zweifaches Aussehen. Kurz: Mit dem modernen Staat entstehen im Unterschied zu den vor-modernen und volatilen territorialen Gebilden jene „Monopolinstitute der körperlichen Gewalttat", die sich fortsetzen bis in unsere „Selbstkontrollapparatur" (Norbert Elias)[131] und zu einer gewissen Befriedung der zwischenmenschlichen Verhältnisse führen. Konflikte werden nicht länger unmittelbar am Körper des Anderen ausgetragen, sondern im Rahmen der Institutionen des Rechts gewissermaßen sublimiert und damit an das Gewaltmonopol des Staates delegiert. Niemand wird sich wohl ernsthaft darüber beklagen, dass körperliche Gewalt – anders als in früheren Jahrhunderten – geächtet wird.

Das ist die eine Seite. Aber gleichzeitig hat auch die körperliche Verbundenheit abgenommen. Die Anteilnahme am Schicksal der Leiber schwindet. Die Bande der Solidarität beruhen nicht länger auf der Nähe unserer Körper und auf der Ähnlichkeit dessen, was mit ihnen geschieht. Das „Verhältnis der Leiber" wird kühler, was in keinerlei Widerspruch zur Erotisierung des Alltags steht. Der Körper des Anderen wird gleichgültiger, *sofern er nicht meiner Bedürfnisbefriedigung dienlich ist oder sich der Vermarktung entzieht*. Das ist die andere Seite. Offenbar sind die bereits genannten Oppositionen, auf die wir bei Tönnies, Gumbrecht und Elias gestoßen sind, durchaus fruchtbar.

Bei dem französischen Anthropologen Claude Lévi-Strauss stoßen wir ebenfalls auf eine Gegenüberstellung zweier Gesellschaftstypen, auf den Unterschied zwischen „kalten" und „heißen" Gesellschaften. Auch er benutzt diese Unterscheidung zu einer Wertung. Die Gesellschaften, die von den Anthropologen untersucht werden, seien „‚verglichen mit unseren weit größeren und komplizierteren modernen ‚heißen' Gesellschaften, gleichsam ‚kalte' Gesellschaften […]: Uhren im Vergleich zu Dampfmaschinen." Diese kalten Gesellschaften, so Lévi-Strauss, „lassen sich als Systeme mit geringer Entropie betrachten, die nahe am absoluten Nullpunkt der historischen Temperatur funktionieren. Das meinen wir, wenn wir sagen, diese Gesellschaften hätten keine Geschichte. Die ‚geschichtlichen' Gesellschaften wie die unseren kennen größere Abstände zwischen ihren Innentemperaturen, Abstände, die den ökonomischen und sozialen Un-

131 Norbert Elias (1997), S. 331.

gleichheiten geschuldet sind."[132] Diese Schwankungen der „Innentemperaturen" lassen eine Dynamik entstehen, die in den „kalten", aber eher egalitär ausgerichteten Gesellschaften noch fehlte. Diese Dynamik erklärt den *materiellen* Erfolg der Gesellschaften des „heißen" Typus: Ihre Komplexität, ihre innere Differenzierung und das Ungleichgewicht ihrer sozialen Struktur verursachen gewissermaßen Reibungen, die insgesamt zur Steigerung ihrer Produktivität führen.

Aber auf der „Ebene der Beziehungen zwischen den Personen" erzeugen sie Lévi-Strauss zufolge viel mehr Entropie als ihre kalten Geschwister. „Man könnte fast sagen, dass unsere Gesellschaften nach und nach ihr Gerüst verlieren und dazu tendieren, zu zerstieben und die Individuen, aus denen sie bestehen, auf austauschbare und anonyme Atome zu reduzieren."[133] Erneut begegnen wir der These der Vereinzelung, die keineswegs mit Vereinsamung verwechselt werden darf. Aus der Verbundenheit der Gemeinschaft ist ein Netzwerk vielfältiger und vorläufiger, zweckgebundener Bündnisse geworden, in dem sich die Einzelnen positionieren und sich strategisch bewegen.

Der Leib des Anderen wird in den „heißen" Gesellschaften ebenfalls heißer. Die einst *erlaubte* Gewalt – von der körperlichen Züchtigung und Bestrafung bis hin zu der lange Zeit tolerierten sexuellen Gewalt – hat rapide abgenommen. Aber genau diese Entwicklung schafft neue Räume für die Erotisierung des Alltags. Dabei wird das Begehren des anderen Körpers zum Modell für die Einverleibung der Dinge, für die Konsumierung der Welt. In diesem Zusammenhang begegnen wir uns als Individuen, die ihre jeweiligen Lebensstrategien untereinander justieren. Das „Verhältnis der Leiber" hat sich verändert, nämlich „getrennt bleibend trotz aller Verbundenheiten" (Tönnies). Der Körper widerspiegelt nicht länger ein geteiltes Schicksal, sondern wird zum Gegenstand von Gesundheitsstrategien, zu einem entscheidenden Erfolgsfaktor im Konkurrenzgefüge der neuen Lebensverhältnisse. Diese Entwicklung sollte, wie bereits hervorgehoben, keinerlei Anlass zu Nostalgie bilden. Aber sie hat ihren Preis.

Schauen wir auf die Entwicklungen im Gesundheitswesen, lassen sich diese Verschiebungen und Umschichtungen ohne Weiteres bestätigen. Wir brauchen uns nur an das zu erinnern, was bereits über die „Sanierung" der südeuropäischen Krisenländer gesagt wurde. Ausgerechnet ein Staatenverbund, der sich „Europäische *Gemeinschaft*" nennt, nimmt die gefährliche medizinische Unterversorgung großer Teile der Bevölkerung billigend in

132 Claude Lévi-Strauss (2012), S. 87ff.
133 Ebd., S. 89f.

Kauf, damit die Staatsfinanzen wieder ins Lot kommen. Man ist nicht „verbunden trotz aller Trennungen" und somit auch keine Gemeinschaft mehr, sondern „getrennt trotz aller Verbundenheiten" und somit eine Mega-Gesellschaft von einander weitgehend Gleichgültigen, von in ihren politischen Taten, aber auch in ihren Lebensstilen Sorglosen und Rücksichtslosen.

Bereits hier sind wir bei dem Thema der Gesundheitsgerechtigkeit, bei „just health", angekommen. Offenbar benötigen wir ein Konzept von Gemeinschaft, das von einigen substantiellen Verpflichtungen und von elementaren Rücksichtnahmen ausgeht. Sie bilden die Kehrseite von Grundrechten, die weder dem Markt noch einer Austeritätspolitik geopfert werden dürfen. Nicht mehr, aber auch nicht weniger impliziert der Begriff *Gemeinschaft*. Weder kulturelle noch historisch-traditionelle Gründe für Gemeinschaften sind hier einschlägig. Homogenität ist weder in ethnischer noch in ethischer Hinsicht erforderlich.

In diesem Zusammenhang werden wir über einen neuen *Vertrag* als Grundlage für die erforderlichen Schritte zu einem Gesundheitswesen der Gerechtigkeit, der *Gesundheitsgerechtigkeit*, nachdenken müssen. Wir knüpfen hier an die vertragstheoretische Tradition der Moderne an. Der Vertrag ist in diesem Zusammenhang eine Metapher, die es erlaubt, in einer Situation schwerwiegender Legitimationsverluste nach neuen Grundlagen für eine Institution Ausschau zu halten. Der Vertrag hat eine *legitimationsbeschaffende* Wirkung. Unsere Frage in einer von John Rawls beeinflussten Fassung lautet: „Welchen Vertrag würden wir miteinander eingehen und für welche Grundsätze uns entscheiden, wenn uns über unsere eigene, reale Position in den Konflikten um das Gesundheitswesen keine Informationen zur Verfügung stünden?"

Zweierlei Voraussetzungen sind zu erfüllen, bevor eine solche Vertragsvorarbeit geleistet werden kann. Erstens: Die Komplexität der Aufgabe muss in dem Sinne reduziert werden, dass die Beteiligten das Thema *verstehen* können. Ein System, das – auch für Insider – zunehmend unverständlich wird oder gar undurchsichtig, ist bürger- und demokratiefeindlich. Nicht die geringsten unter den Gesundheitsökonomen gestehen, dass es kaum mehr gelingt, in den Turbulenzen, die das Gesundheitswesen erfasst haben, Kurs zu halten. Zweitens: Die Bürger, die sich beteiligen, müssen als mögliche Konsequenz des neuen Vertrags bereit sein, ihre Ansprüche und Erwartungen zu korrigieren.

Der Historiker und Osteuropa-Spezialist Karl Schlögel hat unlängst auf die sehr unterschiedliche Entwicklung ost- und westeuropäischer Städte hingewiesen. „Während man dort einen Rückbau des Staates nicht genug loben kann, ist man hier über die Preisgabe des Sozialstaates als zivilisatorische Errungenschaft entsetzt. [...] Das ganze System steht längst unter Überforderungsstress, und allen ist irgendwie klar, dass es ‚so nicht weitergehen kann', dass ‚wir über unsere Verhältnisse leben'."[134] Was Schlögel über die Städte schreibt, lässt sich auch auf die jeweiligen Gesellschaften übertragen und dort im Hinblick auf das Gesundheitswesen durchexerzieren.

> „Die Materien, die mit der Gesundheitsreform, mit der Altenpflege, mit [...] der Schulentwicklung verbunden sind, sind hochkompliziert. Mir scheint, dass fast nur noch Spezialisten und Berufspolitiker sich in diesen Angelegenheiten und Maßnahmenkatalogen auskennen. Was mir aber ganz gewiss erscheint und wozu jeder Bürger etwas sagen kann: Es wird ohne Rückbau unserer hochentwickelten Systeme nicht gehen; es wird ohne die Reduzierung unserer Ansprüche und ohne eine andere Qualität von bürgerschaftlichem Engagement nicht möglich sein, unser immer noch hohes Lebensniveau zu halten. Es wird ohne einen neuen Gesellschaftsvertrag [...] nicht abgehen."[135]

Die „Stadt" meint in diesem Zusammenhang die *Polis*, wo ein solcher Vertrag geschlossen und in die Praxis umgesetzt werden muss. Das Land gehört selbstverständlich dazu. Aber die Stadt kann ebenso als Metapher für die Nähe von Bürgern und Bürgerninnen zueinander in einer Verantwortungsgemeinschaft gelten, wo Rechte und Pflichten das Rückgrat ihres Zusammenlebens bilden. Auch für Dieter Hoffmann-Axthelm hat der Rückbau der sozialstaatlichen Verantwortlichkeiten, der zu einer Reduzierung der bürgerschaftlichen Engagements zugunsten der Freisetzung individueller Selbstverantwortung geführt hat, eine schwerwiegende Krise verursacht. Er plädiert ebenso wie Karl Schlögel für einen neuen Gründungsvertrags, für eine „dritte Stadt", wie er sie nennt. Sie steht für die Rückholung basisdemokratischen Engagements jenseits von Staatsgläubigkeit und Privatisierungswahn.

134 Karl Schlögel (2013), S. 101f.
135 Ebd.

VIII Gerechtigkeit und Gabe

„Zum einen kehren wir, wie wir es in der Tat tun müssen, zu den alten Bräuchen der ‚edlen' Verschwendung zurück. Es ist wichtig, dass [...] die Reichen (freiwillig oder durch Zwang) wieder dahin kommen, sich gleichsam als die Schatzmeister ihrer Mitbürger zu betrachten. Von den alten Zivilisationen, aus denen die unseren hervorgegangen sind, besaßen die einen das Jubelfest, die anderen die Liturgie, [...] die Syssitien (die gemeinsamen Mahlzeiten) oder die obligatorischen Spendungen des Ädils oder der Konsuln. Man sollte zu Bräuchen dieser Art zurückkehren. Außerdem bedarf es größerer Fürsorge für das Individuum, für sein Leben, seine Gesundheit und Erziehung, für seine Familie und seine Zukunft. Wir brauchen mehr guten Willen, Großzügigkeit [...] beim Verkauf von lebenswichtigen Gütern." (Marcel Mauss)[136]

„Der Mensch ist zwar ein vom Habenwollen geprägtes Geschöpf, und es gibt keine Wirtschaftstheorie, die dies nicht unter ihre Axiome rechnet, doch ist er immer auch als ein von Grund auf anteilnehmendes Wesen zu denken, dessen affektives Repertoire durch Empathie, Stolz, Generosität und Gebenwollen mitbestimmt ist." (Peter Sloterdijk) [137]

„Gesundheit" haben wir als ein existenzielles und konditionales Gut qualifiziert – als eines der „Grundgüter". Darüber hinaus sind wir der Meinung, dass sie ein öffentliches Gut darstellt. Das heißt – zur Gewährleistung dieses Guts werden Distributions- und Allokationskriterien, also Verteilungs- und Zuteilungskriterien benötigt, die an Gerechtigkeits- und Solidaritätsvorstellungen orientiert sind, deren Verkörperung in sozialstaatlichen Institutionen stattfindet. Die Auffassung, dass Gesundheit ein öffentliches Gut ist, steht jedoch seit Jahren unter Druck. Neoliberale Positionen haben diese Sicht in nicht geringem Maße ausgehöhlt. Gesundheit gilt hier zwar nachwievor als ein „primary good", aber als ein privates Gut. Die beiden Positionen lassen sich mit Henning Schmidt-Semisch folgendermaßen zusammenfassen:

136 Marcel Mauss (1968), S. 62.
137 Peter Sloterdijk (2010), S. 47.

> „Wir haben es also mit zwei Grammatiken von Solidarität und Gerechtigkeit zu tun: Die erste ist die über den Markt vermittelte, freiwillig erhobene Solidarität des Versichertenkollektivs, die entsprechend der versicherungsmathematischen Gerechtigkeit hohe Risiken mit hohen und geringe Risiken mit geringen Tarifen belegt (Risikogleichheit bzw. Homogenität), die zweite ist die vom Staat erzwungene, de-kommodifizierte Solidarität des Sozialversicherungskollektivs, die entsprechend einer sozialen Gerechtigkeit die Tarife an das Einkommen und Kompensationsleistungen an soziale Bedürftigkeit knüpft (Risikoungleichheit bzw. Heterogenität)."[138]

Diese beiden konträren Positionen zeigen, dass der Status der Gesundheit als ein existenzielles und konditionales Gut, als ein „primary good", unterschiedliche Interpretationen zulässt. Das hängt damit zusammen, dass diese Qualifikation als „primary good" lediglich den hohen moralischen Status der Gesundheit[139] signalisiert, aber zunächst wenig darüber aussagt, *wer* zu ihrer Gewährleistung *auf welche Art und Weise* zuständig ist. Und wenn wir davon ausgehen, dass ein solch basales Gut wie die Gesundheit auf Seiten der Bürger und Bürgerinnen Rechte entstehen lässt, sind Art und Umfang dieser Rechte, die immer auch soziale Rechte oder Anspruchsrechte implizieren, weiterhin unklar.

Geringe Zweifel dürften darüber bestehen, dass Marktprinzipien, die nicht sozialpolitisch gesteuert und ausgebremst werden, im Bereich des Gesundheitswesens zu Verwerfungen führen. Michael J. Sandel zufolge hat das Übergreifen von Märkten und marktorientiertem Denken auf Lebensbereiche wie das Gesundheitswesen teilweise eine verheerende Wirkung. Wenn alles käuflich wird, wächst die *Ungleichheit* in diesen Lebensbereichen, weil die Einkommensunterschiede unmittelbar in diesen Bereichen abgebildet werden. „Wo alles von Wert ge- oder verkauft wird, macht allein der Besitz von Geld den Unterschied aus."[140] Im Hinblick auf das Gesundheitswesen bedeutet das, dass dort, wo seine Ökonomisierung und Kommerzialisierung fortschreiten, soziale Unterschiede reproduziert oder gar vertieft werden. Hier tut sich ein *Fairness*-Problem auf.

Darüber hinaus, so Sandel, führt die Kommodifizierung von Gesundheitsleistungen, also ihre Transformation zu einer Handelsware, und die Neudefinition des Patienten als Kunden, zur *Korruption*. In diesem Zusam-

138 Henning Schmidt-Semisch (2000), S. 170f.
139 Vgl. Christian Lenk (2010), S. 106.
140 Michael J. Sandel (2012), S. 15.

menhang heißt Korruption nicht, dass zu geldwerten Gegenleistungen Dinge getan werden, die verboten oder zumindest moralisch fragwürdig sind. Märkte sind vielmehr dort „zersetzend", wo sie nichts oder gegebenenfalls nur am Rande etwas zu suchen haben, weil sie die Einstellungen verändern. Unser Verhältnis zu Gerechtigkeits- und Solidaritätsfragen, unsere Verantwortung für Andere, unser Altruismus und unser Pflichtbewusstsein werden unterminiert. Sandel ist der Meinung, dass entgegen manchen ökonomischen, marktorientierten Annahmen die genannten Einstellungen in Mitleidenschaft gezogen werden.

> „Weil die Vermarktung sozialer Praktiken die sie definierenden Normen beschädigen oder entwerten kann, müssen wir fragen, welche Normen wir davor bewahren wollen, der Marktlogik anheimzufallen. Dies erfordert eine öffentliche Debatte über konkurrierende Vorstellungen zu der Frage, wie Güter angemessen zu bewerten sind. Märkte taugen zur Organisation produktiver Tätigkeiten, doch wenn wir nicht wollen, dass sie die Normen sozialer Einrichtungen neu formulieren, brauchen wir eine öffentliche Debatte über die moralischen Grenzen der Marktwirtschaft."[141]

In diesem Zusammenhang kommen wir noch einmal zurück auf Michael Walzer, den wir bereits im Rahmen seiner Theorie der Güter behandelt haben. Dort bezogen wir uns auf seine Abhandlung über „Sphären der Gerechtigkeit". Walzer vertritt dort, wie wir gesehen haben, die Auffassung, dass Güter wie beispielsweise die Gesundheit von uns konzipiert werden, indem wir ihnen eine bestimmte Bedeutung verleihen. Wenn uns die Gesundheit so wichtig ist, dass wir sie als ein existenzielles Gut betrachten, stellt sie hohe Anforderungen an ihre gerechte Allokation und an die Distribution von Mitteln im Gesundheitswesen. Im bekannten zweiten Kapitel in „Von dichter und dünner Solidarität" („Thick and Thin") hat Walzer gerade im Hinblick auf das Gesundheitswesen seine Theorie der Güter noch einmal präzisiert. Damit das gelingt, siedelt er das Problem der Verteilungsgerechtigkeit noch einmal eine Stufe tiefer an. Es sind nämlich nicht nur *Mittel*, die wir mittels Allokations- und Distributionskriterien verteilen. Es ist viel mehr.

> „Wir verteilen mithin eine bestimmte Art von Leben, und was in Verteilungsfragen als Gerechtigkeit gilt, hängt von der ‚Art' von Leben oder besser gesagt, von der Bedeutung ab, die ein derartiges Leben für

141 Micheal J. Sandel (2013), S. 363.

> jene Menschen hat, um deren Leben es sich handelt. Darüber hinaus verteilen wir das Leben selbst, das nackte, physische Leben, das uns in den Gerichtshöfen bei Kapitelverbrechen, auf dem Schlachtfeld oder im Krankenhaus gegeben und genommen wird."[142]

Diese eindringlichen Worte erinnern daran, dass Gesundheitsgerechtigkeit immer Lebensgerechtigkeit ist: Der harte Kern unserer Verteilung ist das Leben selbst. Diese Aussage sollte uns daran erinnern, wie *ernst* die ganze Angelegenheit ist. Darüber hinaus macht sie darauf aufmerksam, welches Gewicht die Interpretation besitzt, die wir dem Gut der Gesundheit angedeihen lassen. Und sie verdeutlicht abermals, wie eng der Zusammenhang dieser jeweiligen Interpretationen mit der Art des Verteilens ist. „Gerechtigkeit ist relativ zu sozialen Bedeutungen."[143] Wenn das aber der Fall ist, dann muss daraus geschlussfolgert werden, dass Gerechtigkeitskriterien kontextrelativ bzw. sphärenrelativ sind. Kontextrelativität meint, dass die spezifische Bedeutung, die ein Gut in einem dazugehörigen Kontext besitzt, Gerechtigkeit ein jeweils anderes Aussehen verleihen wird.

Im Wesentlichen kennen wir drei Distributionsprinzipien: freier Austausch, Verdienst und Bedürfnis. Aber je nach Kontext – im Sport, in der Arbeitswelt, in der Freizeit, in der Bildung, bei der Ämterverteilung oder anderswo – müssen diese jeweils neu justiert und eventuell kombiniert werden. Wenn wir der Meinung sind, dass Menschen gleich sind, dann kann das nicht heißen, dass sie *überall* gleich behandelt werden, und Gleichheit *überall* bedeutungsgleich ist. Walzer nennt die letztere Idee der Gerechtigkeit die „eine[r] einfache[n] Gleichheit" oder eines „kritischen Minimalismus". [144] Sie taugt gleichsam nur in extremen Situationen, wo der Gerechtigkeit mit Füßen getreten worden ist. Dann dient sie als Protestformel. Aber als solche bleibt sie vage und ist sie sogar nicht ungefährlich.

Es geht Walzer dagegen um „komplexe Gleichheit"[145]: Gleichheit als Gerechtigkeitsformel wird in den unterschiedlichen Sphären oder Kontexten jeweils unterschiedlich interpretiert und implementiert. Und diese Kontexte sind darüber hinaus kulturell und gesellschaftlich jeweils anders geprägt. Was um jeden Preis vermieden werden muss, wäre sowohl die Dominanz einer „einfachen Gleichheit", weil ihre Umsetzung totalitäre Züge hätte, als auch die Vorherrschaft *eines* Kontextes oder *einer* Sphäre über die

---

142 Michael Walzer (1996), S. 41.
143 Ebd., S. 43.
144 Ebd., S. 51.
145 Vgl. Johannes J. Frühbauer (2005).

anderen. Wenn beispielsweise das Distributionskriterium des freien Tausches und das Gut des Geldes in *allen* Sphären bestimmend wäre, litten alle anderen unter dieser Dominanz. Neben Michael Walzer hat auch Michael Sandel in seinen jüngeren Publikationen eine Fülle an Beispielen für solche Grenzüberschreitungen gegeben. Walzer zufolge handelt es sich im Falle eines solchen Übergriffs um einen „Akt distributiver Aggression“[146]. Solche Akte zerstören den Zusammenhalt in einer Gesellschaft und führen zu einer *distributiven Monopolbildung*, wie wir sie nennen möchten.

Gerecht ist dagegen „eine gesellschaftliche Situation, in der keine Gruppe von Ansprüchen (und Anspruchsinhabern) alle verschiedenen Verteilungsprozesse beherrscht. Kein einzelnes Gut wird über alle anderen Güter bestimmen, so dass sein Besitz alle anderen nach sich zöge. Gerechtigkeit verlangt, dass wir die Verschiedenheit verteidigen – verschiedene Güter werden aus unterschiedlichen Gründen an verschiedene Gruppen von Menschen verteilt –, und aufgrund dieser Anforderung ist Gerechtigkeit eine dichte oder maximalistische Moralvorstellung.“[147]

Eine feine Justierung der Gerechtigkeitsfrage in Krankheits- bzw. Gesundheitsangelegenheiten ist demnach notwendig. Welche Krankenversicherungsmodelle beispielsweise „gerecht“ sind oder wie im Umgang mit begrenzten Ressourcen über Priorisierungsprobleme und Rationierungsfragen[148] entschieden wird, ist Gegenstand schwieriger gesundheitsökonomischer und gesundheitspolitischer Überlegungen. Ihre Darlegung benötigte eine eigene Abhandlung. Gerechtigkeitsfragen gehen aber in jedem Falle über eine ärztliche Ethik, die in hohem Maße auf das Arzt-Patient-Verhältnis konzentriert ist, hinaus. Und sie sind auch weiter zu fassen, als dies der Fokus auf Distributions- und Allokationsfragen im Gesundheitswesen suggeriert. Im letzteren Fall richten wir uns auf „just health care“, also auf eine gerechte Gesundheitsversorgung im Rahmen der Institutionen des *Gesundheitswesens*. Gesundheitsgerechtigkeit – also „just health“ – darf auf „just health care“ nicht reduziert werden, denn sie hat mit den *sozialen* Gesundheitsfaktoren zu tun, für die das Gesundheitswesen im Grunde kaum eine Rolle spielt.

> „Selbst ein höchstpersönliches Gut wie die Gesundheit und deren Verteilung sind in erstaunlichem Ausmaß von gesellschaftlichen Strukturen abhängig – auch dann, wenn die Gesundheitsversorgung für jeder-

---

146 Michael Walzer (1996), S. 53.
147 Ebd., S. 51.
148 Vgl. Corinna Rubrech (2016).

> mann sichergestellt ist. Diese Strukturen sind eine äußerst wirkmächtige Größe, deren gesundheitlichen Folgen sich die ‚individual men and women' nicht entziehen können. Die sozialen Gesundheitsdeterminanten erinnern uns daran, dass niemand eine Insel und eine rein medizinisch und individualistisch ansetzende Gesundheitspolitik auf dem Holzweg ist."[149]

Stefan Huster unterscheidet deshalb zwischen einer „expliziten Gesundheitspolitik", die auf die Versorgungssysteme, also auf das Gesundheitswesen gerichtet ist, und einer „impliziten Gesundheitspolitik", die sich mit den genannten sozialen Determinanten der Gesundheit befasst. Die *implizite* Gesundheitspolitik hat demnach ein größeres Gewicht als die explizite. „Die Vorstellung, soziale Gesundheitsungleichheiten können medizinisch ‚wegbehandelt' werden, ist abwegig. Eine rationale Gesundheitspolitik müsste daher integrativ und holistisch angelegt sein und [...] ‚health in all politics' berücksichtigen."[150] Aber wie sieht eine solche „health in all politics" aus? Und vor allem – was wäre das für eine Politik?

Es mag sich heute befremdlich anhören, in diesem Zusammenhang von einer „Politik der Freundschaft" zu sprechen. Haben wir uns doch daran gewöhnt, die Freundschaft ins Private zu verlegen und die Politik als eine öffentliche Angelegenheit zu betrachten, wo Freundschaften schon schnell in den Geruch einer unzulässigen Klientelpolitik geraten. Eine Politik der Freundschaft *dürfe* es demnach nicht geben. Darüber hinaus gilt es als eine ausgemachte Sache, dass Politik Freundschaften nicht stiften *könne*, weil ihre Arena – die des Disputs und der interessengesteuerten Debatte, die des mühsamen Ausgleichs und des schwer errungenen Kompromisses – dies von vornherein ausschließe. Die Zurückhaltung, mit der wir einer „Politik der Freundschaft" begegnen, hat also gute Gründe. Dennoch beruht diese Zurückhaltung auf einem Missverständnis. Wie bereits im Kapitel über die „Sorge" sollten wir uns auch hier von einem Begriff von Freundschaft fernhalten, der eine stark persönliche und gefühlsmäßige Signatur hat. Dort nannten wir die Freundschaft ein „Modus interessenfreier Sorge". Das sollte wir auch hier tun.

Wir wenden uns an dieser Stelle und in aller Kürze einigen aristotelischen Gedanken über die Politik der Freundschaft zu. Es ist Aristoteles, der *founding father* der europäischen politischen Philosophie, der uns hier behilflich sein wird. Wir werden zwei überaus bemerkenswerte Stellen zitie-

---

149 Stefan Huster (2011), S. 72. Vgl. Stefan Huster/Thomas Schramme (2016).
150 Ebd., S. 72f. Vgl. auch Stefan Huster (2015).

ren, die uns in diesem Zusammenhang interessieren. Aber zunächst sind noch einige Vorüberlegungen erforderlich.

Moderne Gesellschaften gelten als komplex, heterogen, unübersichtlich und – in politischer Hinsicht – konfliktträchtig. Die Politik in solchen Gesellschaften neigt dem Modell der Schlichtung zu und viel weniger dem Modell der Kooperation: Politik in kulturell und ethnisch heterogenen Gesellschaften müsse sich auf die Vermeidung von Konflikten konzentrieren, heißt es in einer ausgedünnten Version des Liberalismus. Sie sollte allen substantiellen Zielen besser abschwören, da über diese sowieso kein Konsens herstellbar ist. Dieses schlanke Politik-Modell wird oft flankiert durch eine starke Annahme über die Rolle des Marktes. Die Politik sei vor allem dazu da, unsere schwer ausbalancierbaren Leidenschaften auf rational kontrollierbare Interessen umzupolen. Das gelinge aber nur, indem man Politik weitestgehend als eine Form von Markt-Assistenz definiert.

Julian Nida-Rümelin hat in seiner überaus wichtigen Abhandlung über „Demokratie und Wahrheit" vor solchen Verkürzungen eindringlich gewarnt. Die Dominanz des Marktes, „die zunehmende Beeinflussung politischer Entscheidungen durch wirtschaftliche Interessen", schaffe „neue Konflikte jenseits politischer Institutionen"[151]. Die Abtretung genuin politischer Entscheidung bezüglich öffentlicher Güter an die Mechanismen des Marktes sei in vielen Fällen keine Lösung, sondern bewirke bloß eine Verlagerung der Konflikte. Man könnte dieses Politikmodell auch eine *resignative* Konzeption von Politik nennen.

Nida-Rümelin dagegen fasst die Demokratie als ein *kooperatives* System auf und die Politik als „eine Form der Praxis, die darauf beruht, dass Personen als Citoyens, nicht als Bourgeois miteinander in ein Verhältnis der Kooperation treten."[152] Diese Kooperation geschieht in einer funktionierenden Demokratie im Wesentlichen durch Deliberationen, also durch abwägende Argumentationen und Praktiken des gemeinsamen Überlegens, die sich scharf von bloß strategischer Kommunikation unterscheiden. Demokratie ist ein Gespräch unter Bürgern, das zwar markorientierte oder strategische Rücksichten nicht scheut. Aber auf Dauer implodiert die Demokratie, falls man Politik auf solche Rücksichten reduziert. Selbstverständlich bleibt, so müsste man hinzufügen, die Kooperation in einer Demokratie nicht frei von Konflikten. Eines der Gründe zu kooperieren liegt gerade in den Interessenkonflikten, die wir auch als Bürger haben. In die Deliberation und in die kooperativen Praktiken fließen selbstverständlich Überzeu-

151 Julian Nida-Rümelin (2006), S. 21.
152 Ebd., S. 25ff.

gungs- und Wertungskonflikte ein. Kooperation hat demnach mit Konfliktscheue nichts zu tun.

Allerdings muss der Kooperation, will sie politisch erfolgreich sein, bereits ein gewisses Maß an *Verbundenheit* zwischen Bürgern zugrunde liegen. Ohne Verbundenheit entsteht keine Kooperation. Aber letztere ruft eine solche Verbundenheit auch hervor. Ohne Kooperation entsteht auch keine Verbundenheit. Entscheidend ist, dass Bürger sich als kooperations*fähig* und verbundenheits*willig* verstehen. Dazu ist erforderlich, dass sie sich *nicht ausschließlich* hinter ihren privaten oder partikularen Interessen verschanzen. Erst unter dieser Voraussetzung kann Politik *mehr* sein als ein Ensemble von Prozeduren oder eine Strategie zur Durchsetzung partikularer Zwecke und privater Interessen. Eine solche Politik hat *auch* mit der Sorge um das Ganze zu tun, mit der Sorge um öffentliche Güter und um die Interessen aller. Genau darum handelt es sich im ersten Zitat des Aristoteles, das seiner Schrift über *Politik* entnommen ist.

> „Wenn also der eine ein Schreiner wäre, der andere ein Bauer, der dritte ein Schuster usw. und sie der Zahl nach zehntausend wären, aber in nichts anderem eine Gemeinschaft hätten als eben in Handelsabmachungen und Beistandsverträgen, so wäre dies doch noch kein Staat. Warum? Nicht weil die Gemeinschaft nicht eng genug ist. Denn auch wenn sie in solcher Gemeinschaft ganz nahe beisammen lebten [...] und sie eine Bundesgenossenschaft besäßen gegen die Angriffe dritter, so wird auch dies für den, der es genau nimmt, nicht als ein Staat gelten können, da sie ja am gemeinsamen Ort so verkehren, als wären sie getrennt. Offensichtlich ist also der Staat nicht bloß eine Gemeinschaft des Ortes und um einander nicht zu schädigen und um des Handels willen. Sondern dies sind nur notwendige Voraussetzungen, wenn es einen Staat geben soll; aber auch wenn all das vorhanden ist, ist noch kein Staat vorhanden, sondern dieser beruht auf der Gemeinschaft des edlen Lebens in Häusern und Familien um eines vollkommenen und selbstständigen Lebens willen. Freilich kann dies nicht zustande kommen, wo man nicht an demselben Ort wohnt und keine Ehegemeinschaft hat. Und so gibt es in den Staaten Verschwägerungen und Brüderschaften und Opferfeste und Formen des geselligen Lebens. Das ist das Werk der Freundschaft. Denn der Wille, zusammenzuleben, ist Freundschaft."[153]

---

153 Aristoteles, Politik, Buch III, 120b, 20ff.

Diese berühmte Stelle kreist um die Frage, was die *wesentliche* Domäne der Politik sei. Deshalb muss die gesuchte Essenz von anderen Betätigungsfeldern abgegrenzt werden, die *auch* zu ihrer Domäne gehören, aber eine untergeordnete Bedeutung haben. Aristoteles nennt vor allem zwei solcher Felder: das der Ökonomie und das des Militärs. Die Polis – der Staat – ist aber mehr als ein Zweckverband, der die Wirtschaftsbeziehungen und die Sicherheitsbedürfnisse zu seinen primären Aufgaben zählt. Die Beziehungen zwischen den Bürgern, die aus diesen ökonomischen und militärischen Aktivitäten hervorgehen, erreichen durchaus eine gewisse Intensität und also auch ein gewisses Maß an Nähe zwischen ihnen – eine Verbundenheit. Aber diese reicht Aristoteles zufolge nicht aus, um von einem Staat sprechen zu dürfen. Dazu gehört mehr. Das politische Zusammenleben der Bürger kann nicht definiert werden mittels negativer Markierungen („einander nicht zu schädigen") oder anhand ökonomischer Absichten („um des Handels willen"). Zwar sind dies notwendige Bedingungen, damit von einer Polis die Rede sein kann, wie Aristoteles anmerkt, aber sie sind nicht hinreichend. Dann erfolgt eine Formulierung, die in unseren Ohren emphatisch klingt und aus moderner Perspektive zunächst ein Zögern hervorruft. Sie lautet: Der Staat beruhe „auf der Gemeinschaft des edlen Lebens" und sei „um eines vollkommenen und selbständigen Lebens willen" da.

Wie bereits angedeutet, üben wir angesichts solcher Formulierungen, die uns vielleicht als hochtrabend anmuten, zu Recht eine gewisse Skepsis. Ist es nicht so, dass die Rechtsstaatlichkeit einer modernen Demokratie einen ausreichenden und moderateren Ersatz für solche hochmütigen Ideale darstellt? Wir würden Aristoteles allerdings gründlich missverstehen, wenn wir ihm bloßes Pathos oder realitätsfernen Idealismus unterstellten. Die Prädikate „edel", „vollkommen" und „selbstständig" weisen vielmehr auf das *politische* Leben von Bürgern hin, das gekennzeichnet ist durch einige fundamentale Tugenden, wovon der *Sinn für Gerechtigkeit* in unserem Zusammenhang der wohl wichtigste sein dürfte.

In einem funktionierenden Staat müssen Bürger demzufolge *moralische Rücksichten* aufeinander nehmen. Und diese Rücksichten äußern sich in Tugenden wie beispielsweise in der Tugend der Gerechtigkeit. Die Berücksichtigung der anderen Bürger wird gespeist aus der Sorge um das Ganze, aus der Sorge um Gemeinschaftliches. Diese Sorge hat die Gemeinschaft *als solche* zum Ziele und zwar in der Hinsicht, dass Bürger ihr Zusammenleben im Vollsinn des Wortes nur realisieren können, wenn sie ihre partikulären Interessen *hin und wieder* zu überwinden bereit sind. Sie verbünden sich dann um wichtige Güter herum, die sie gemeinsam realisieren und hüten wollen und die sie auch nur gemeinsam realisieren *können.*

Natürlich hat Aristoteles ein bestimmtes Polisideal vor Augen – das Ideal einer Politik städtischer Gemeinschaft – , das sich auf unsere gegenwärtige Situation nicht leicht übertragen lässt. Wir haben beispielsweise gute Gründe, um mit großer Vorsicht auf ein allzu emphatisches Gemeinschaftsideal zu reagieren, das der Freiheit des Einzelnen sehr abträglich zu sein vermag. Wir haben deshalb ganz bewusst davon gesprochen, dass Bürger ihre partikulären Interessen *hin und wieder* transzendieren sollten. Wir brauchen uns nicht als emphatische Gemeinschaftswesen zu definieren, um verstehen zu können, dass, nebst anderen Verhältnissen, Bindungen zwischen Bürgern nötig sind, die substantiell moralischer Natur sind. Wir haben dann mit politisch relevanten Tugenden zu tun, wovon, wie bereits gesagt, der Sinn für Gerechtigkeit ein wesentlicher Bestandteil ist. Wenn wir das tun, realisieren wir *in politischer Hinsicht* den „Willen, zusammenzuleben", den Aristoteles ohne Scheu „Freundschaft" nennt.

Diese „Politik der Freundschaft" würden wir, wie gesagt, missverstehen, wenn wir sie verwechselten mit freundschaftlichen Gefühlen, die Bürger für einander hegen. Nicht einmal in der alten und übersichtlichen Polis hätte dieses Ideal Bestand gehabt. Und erst Recht wäre ein solches Ideal unter heutigen Bedingungen äußerst naiv. Aristoteles lässt uns allerdings keineswegs im Ungefähren über ein angemesseneres Verständnis. Die „Politik der Freundschaft" ist nichts anderes als „der Wille, zusammenzuleben". Dieser Wille richtet sich eben nicht primär auf den *konkreten* Mitbürger, sondern ist der Ausdruck des gemeinsamen Bandes aller Bürger, das in ihren politischen Tugenden sichtbar wird, vor allem in der Tugend der *Gerechtigkeit.* Das wird überaus deutlich in dem zweiten Zitat, das dem Buch VII der Eudemischen Ethik entnommen ist. Es lautet:

> „Es gilt als Hauptaufgabe der Staatskunst Freundschaft zu stiften, und die Tugend gilt als nützlich für dieses Ziel, denn unmöglich können Bürger einander Freund sein, wenn sie untereinander Unrecht verüben. Ferner: Recht und Unrecht, so sagen wir alle, gibt es besonders unter den Freunden, und wenn jemand ‚Freund' ist, so gilt er zugleich auch als ‚gut', und Freundschaft gilt als ethisch wertvolle Haltung. Und wenn einer bewirken möchte, dass (die Bürger) nicht Unrecht tun, so stiftet er unter ihnen Freundschaft, denn die wahren Freunde tun kein Unrecht. Indes, auch wenn sie gerecht sind, werden sie kein Unrecht

> tun; in der Tat sind ja Gerechtigkeit und Freundschaft dasselbe oder stehen sich doch recht nahe."[154]

Diese Stelle ist durchaus kompakt. Das Ideal der „philia" oder der Freundschaft in politischen Angelegenheiten wird ausdrücklich mit der Tugend der Gerechtigkeit verbunden. Alleine schon aus diesem Grund müssen wir schlussfolgern, dass wir hier nicht mit intimen und von emotionaler Nähe geprägten freundschaftlichen Gefühlen zu tun haben. Solche Auffassungen über Freundschaft spielen in der aristotelischen Ethik durchaus eine Rolle, aber hier sind sie nicht einschlägig. Überraschen mag die forsche Behauptung am Anfang des Zitats, es sei geradezu die „Hauptaufgabe der Staatskunst Freundschaft zu stiften". Im Lichte der gerechtigkeitsethischen Interpretation, die dieser Zielsetzung gegeben wird, wird die Vermutung, der Staat stifte zwischenmenschliche Freundschaften intimer oder emotionaler Art, sofort berichtigt. Erst im Durchgang durch das Raster der Gerechtigkeit kann auf dem Niveau einer politischen Ordnung von Freundschaft die Rede sein.

Die politische „philia" ist gleichsam der Effekt der Gerechtigkeit, nicht ihre Voraussetzung. Wäre letzteres der Fall, müssten wir erst durch freundschaftliche Beziehungen dazu motiviert werden, überhaupt Gerechtigkeit zu üben. Eine solche Gerechtigkeit, die abhängig wäre von dem Fundus bereits vorhandener Freundschaften zwischen Bürgern und Bürgerinnen, müsste scheitern. Da eine solche Freundschaft nämlich immer partikular wäre, weil niemand mit allen im eigentlichen Sinne des Wortes befreundet sein kann, verlöre die Gerechtigkeit geradezu eine ihrer wichtigsten Kennzeichen, nämlich die Norm, *unparteilich* zu urteilen. Der Anfang unseres Zitats weist vielmehr auf das Gegenteil: Gerechtigkeit ist die Voraussetzung für die politische Freundschaft.

Die Bedeutung des Satzes, Recht und Unrecht gäbe es besonders unter Freunden, ist nicht unmittelbar verständlich. Hier meint Aristoteles offenbar, dass das Gespür für Recht und Unrecht gerade unter Freunden sehr ausgeprägt sei. Freundschaft unter Bürgern macht empfindlich für Verstöße gegen die Gerechtigkeit. In diesem Satz wie auch im folgenden könnte man allerdings den Eindruck gewinnen, Freundschaft sei doch eine Art Bedingung für die Gerechtigkeit, so dass die anfangs im Zitat vertretene Position, die Tugend der Gerechtigkeit sei „nützlich" für das Ziel der Freundschaft und somit ihre Voraussetzung, nun plötzlich zurückgenommen, in jedem Falle aber abgeschwächt werde. Der letzte Satz im Zitat,

154 Aristoteles, Eudemische Ethik, Buch VII, 1234b, 7ff.

Freundschaft und Gerechtigkeit seien im Grunde dasselbe, vermag diese Irritation allerdings weitgehend auszuräumen: Freundschaft stiften *heißt* im Grunde, für Gerechtigkeit sorgen. Wenn die Staatskunst Freundschaft stiftet, dann tut sie das, *indem* sie Gerechtigkeit bewirkt.

Die „Politik der Freundschaft" hat mittlerweile eine deutlichere Kontur bekommen. Sie hat nichts zu tun mit der wirklichkeitsfernen Vorstellung, in politischen Institutionen seien Bürger zu Freundschaften angehalten. Freundschaft ist vielmehr, so könnte man es formulieren, das moralische Qualitätsmerkmal einer politischen Ordnung, die Gerechtigkeitsfragen nicht marginalisiert, sondern ihnen einen gebührenden Platz einräumt. „Gebührend" bedeutet, dass wir uns eine gewichtige Einschränkung auferlegen müssen angesichts der Versuchung, der Gerechtigkeitsfrage zu einer alle anderen Tugenden relativierenden Dominanz zu verhelfen. Die *Freiheit* ihrer Bürger muss eine politische Ordnung nämlich schützen gegen die möglichen Übergriffe eines Gerechtigkeitsideals, das eine Monopolstellung beansprucht. Heute verkehren wir allerdings in einer Situation, in der wir sowohl die Freiheit als auch die Gerechtigkeit verteidigen sollten.

Die Freiheitsrhetorik der neoliberalen Wende der Politik hat seit den späten siebziger Jahren des letzten Jahrhunderts massive Gerechtigkeitsprobleme entstehen lassen. Nicht zuletzt verloren wir das für eine funktionierende Demokratie erforderliche Maß an *Gleichheit* von Bürgern aus den Augen, wodurch allerdings auch die Freiheit vieler Menschen selbst angetastet wurde. Nicht ohne Grund spricht Étienne Balibar in diesem Zusammenhang von dem Erfordernis einer „Gleichfreiheit"[155]. Die genannte neoliberale Wende hat jedenfalls zu einer Marginalisierung von Gerechtigkeitspostulaten geführt, die dringend der Korrektur bedarf. Angelegenheiten der Gerechtigkeit sind auch heute, vielleicht mehr denn je, das Terrain einer „Politik der Freundschaft". Aber was heißt das genau?

An dieser Stelle sollten wir uns an eine ältere Vorstellung von Verteilungsgerechtigkeit erinnern, an die sogenannte Ökonomie der *Gabe*.[156] Dieses Modell verfügt über eine weit ansehnlichere Tradition als die des „homo oeconomicus". Es beruht auf einem Bild vom Menschen als Gebender, als „homo donator". In seiner Abhandlung „Die Gewalt des Geldes. Die Seele der Ökonomie" (Het geweld van geld. De ziel van de economie) hat der belgische Ökonom und Philosoph Antoon Vandevelde den Versuch unternommen, diesem Modell zu neuem Ansehen zu verhelfen. Im Folgenden werden wir uns auf das Kapitel 4 dieses Buchs beziehen, das den

155 Étienne Balibar (2012).

156 Vgl. Alain Caillé (2008); Iris Därmann (2010); Marc De Kesel (2012).

Titel „Auf der Suche nach dem gebenden Menschen" trägt. Das Motto dieses Kapitels lautet: „Wenn wir wollen, dass andere Menschen um uns geben, dann müssen wir auch selber geben."[157]

Vandevelde unterscheidet zunächst zwischen drei Formen oder Weisen des Gebens – das altruistische Geben, die ökonomische Logik des Gebens und die Logik der Gabe. Die erste Form des Gebens, das altruistische Geben, verlang keinerlei Reziprozität. Es wird nichts zurückerwartet. Gegenseitigkeit wird nicht verlangt. Zu nennen wäre hier die christliche Caritas-Moral. Aber es gibt auch andere Beispiele, die keinerlei christliches Motiv benötigen wie beispielsweise die Blutspende. Natürlich dürfte an dieser Stelle der Verdacht aufkommen, ein solches Geben sei keineswegs völlig altruistisch, sondern rechne insgeheim mit dem (späteren) Vorteil des Gebens für die gebende Person. Sie kommt zu gegebener Zeit selber in den Genuss der Gabe: Die Blutspende trägt zum Funktionieren eines Systems bei, das ich irgendwann selber benötigen könnte. Das Geben erhält dann den Charakter eines Tausches und entfernt sich von seiner altruistischen Signatur. Darüber hinaus belohne ich eventuell mich selbst: Mein Altruismus hebt mich hervor und stellt mich auf ein Podest.

Wie dem auch sei. Wichtiger jedoch ist eine andere Kritik. Sie lautet: Altruistisches Geben lässt keinerlei gegenseitige Verpflichtungen entstehen, weshalb es ungeeignet ist, um eine soziale Beziehung entstehen zu lassen. In einem sozialen Verband ist Gegenseitigkeit ein elementares Erfordernis. Aus dem Grund bevorzugen, so Vandevelde, Ökonomen und Sozialwissenschaftler in aller Regel die ökonomische Logik des Gebens, also das zweite Modell. Dieses besticht gewissermaßen durch seine Eindeutigkeit. Es ist klar und unübersehbar ein Tausch-Modell. Das Geben ist hier formalisiert: Im ökonomischen Tausch liegt eine „unmittelbare, strikt festgelegte und intendierte Gegenseitigkeit"[158] vor. Rechte und Pflichten sind vertraglich formuliert, die Interaktion ist mittels des jeweiligen Preises, der für ein Produkt verlangt wird, quantifizierbar, die Interessen der beteiligten Parteien sind berechenbar. Bei Verstößen sind die Vertragsinhalte juristisch erzwingbar.

Unsere soziale Beziehungen weichen jedoch in hohem Maße von diesem ökonomischen Modell ab. Wer seine Freundschaften auf diese Weise ökonomisierte, würde sie alsbald zerstören. Einladungen zu einem gemeinsamen Essen können als eine Gabe betrachtet werden. Diese verpflichtet zwar den Gast zu einer späteren Gegeneinladung, aber weder der Zeit-

157 Antoon Vandevelde (2013), S. 121. Übersetzung von Jean-Pierre Wils.
158 Ebd., S. 126.

punkt noch das Maß der Gegengabe werden dabei festgelegt. Eine solche Berechnung oder ein solches Quantifizieren käme einer Kränkung gleich. Nicht, dass ein gewisses Maß an Berechnung nie zulässig wäre, aber es sollte jedenfalls nicht sichtbar und schon gar nicht dominant sein. Es sei wichtig, hat Pierre Bourdieu einmal gesagt, „dass [...] das ökonomische Interesse entweder im Impliziten belassen oder, wenn überhaupt, nur in Euphemismen formuliert wird, das heißt in der Sprache der Verneinung."[159]

Vandevelde gibt in diesem Zusammenhang ein illustratives Beispiel: Würde der Gastgeber, der von seinen Gästen einen Blumenstrauß zur Begrüßung empfangen hat, diesen am Ende des Abends mit der Bemerkung zurückgeben, nun bräuchte er bei der späteren Gegeneinladung keinen Strauß mehr mitzubringen, hätte er das Wesen der Gabe völlig missverstanden. Eine solche Handlung käme einer Beleidigung oder einer Aufkündigung der Freundschaft gleich.

Natürlich erwartet der Geber eine Gegengabe, aber diese Reziprozität befindet sich gewissermaßen *in der Schwebe*. Zu Recht weist Vandevelde darauf hin, dass jemand, der unmittelbar zurückgibt, im Grunde zeigt, dass er nicht empfangen könne und nicht in der Schuld einer anderen Person stehen möchte. Schlimmer – er zeigt, dass er mit dem Geber eigentlich keine Beziehung haben will. Anders als im ökonomischen Tausch, der auf strikter Reziprozität und einem festgelegten Gleichgewicht von Rechten und Pflichten beruht, weicht die Logik der Gabe, dieses dritte Modell, davon wesentlich ab. Selbstverständlich lässt der Geber beim Empfänger eine Verpflichtung entstehen. Aber sowohl der Zeitpunkt als auch das Maß der Gegengabe bleiben relativ im Ungewissen. Ein Ungleichgewicht bleibt bestehen, der Respons wird nicht festgelegt. Natürlich sollte die Gabe beantwortet werden – aber im richtigen Moment. Erforderlich ist ein „Denken in Ungleichgewichten"[160]

Ganz wichtig ist das Ritual, das mit dieser Form der Gabe einhergeht. Anders als bei einer bloßen Transaktion besteht das Geben hier aus einem (kulturell) abgestimmten Ritual. Es gibt Gesten des Gebens und Empfangens, eine Mimik (des Lächelns) und eine Höflichkeitsrhetorik, die hier einschlägig sind. Der Empfänger betont die Schönheit oder die Wichtigkeit des Geschenks, der Geber dagegen wird den Wert der Gabe eher herunterstufen, damit nicht der Verdacht entsteht, er möchte eine Gegengabe erzwingen. Das Ritual betrifft im Grunde, anders als im Tauschgeschäft, den Wunsch nach *Anerkennung*. Im Geben, Empfangen und in der späte-

159 Pierre Bourdieu (1998), S. 168.
160 Peter Sloterdijk (2006), S. 52.

ren Wieder-Gabe streben Menschen nach Anerkennung: Der Geber drückt in der Gabe seine Wertschätzung der anderen Person aus. Die Verpflichtung, die dadurch auf Seiten des Empfängers entsteht, verlangt eine Wieder-Gabe, worin dieser seinerseits die Anerkennung des Anderen zum Ausdruck bringt. Die jeweilige Gabe braucht dabei keineswegs im ökonomischen Sinne wertvoll zu sein. Sie muss vielmehr die Wertschätzung, die der empfangenden Person entgegengebracht wird, zum Ausdruck bringen. Dazu reichen gegebenenfalls Gaben symbolischer und expressiver Natur aus. Das, was wir einander im Prozess dieser Logik der Gabe schulden, sollte nicht rechnerischen Zuschnitts sein.

Ein überaus informatives Beispiel für die Logik der Gabe ist das Vertrauen.[161] Wenn keinerlei Vertrauen vorhanden ist, wird das Ritual des Gebens und Empfangens vermutlich nicht zustande kommen. Misstrauen blockiert die Logik der Gabe. Aber Vertrauen ist nicht nur die *Voraussetzung* des Rituals, sondern ist *selbst* eine Gabe. Es ist nämlich kein Zufall, dass wir über die Redewendung „Vertrauen schenken" verfügen. Wenn wir unser Vertrauen in eine Person oder in eine Institution *berechnen* wollten, würden wir nicht länger von Vertrauen, sondern von Kontrolle sprechen. Im Falle des Vertrauens ist das Gegenteil der Fall: Weil wir bestimmte Situationen nicht kontrollieren *können*, müssen wir Vertrauen schenken. Da hilft kein Vertrag, denn auf die Einhaltung der Vertragsbedingungen müssen wir vertrauen. Die Einhaltung der Vertragsbedingungen lässt sich vertraglich nicht festlegen. Ein solcher Versuch würde zu einem ‚regressus ad infinitum' führen, denn über die Vertragsbindungen des zweiten Vertrags müssten wir einen neuen, einen dritten Vertrag abschließen.

Darüber hinaus aber würde dieses Kontrollbedürfnis die intrinsische Motivation der Beteiligten erheblich schwächen. Die Kontrollen würden zum Ausdruck bringen, dass die Kontrollierten ihre Verantwortung nicht wahrnähmen. Nicht zuletzt in Sorge-Verhältnissen, also überall dort, wo Vertrauen eine wichtige Rolle spielt, würde die ausschließliche Geltung der ökonomischen Quantifizierung das menschliche Klima zerstören. Wenn das Vertrauen jedoch nicht enttäuscht wird, reagieren Menschen darauf nicht bloß mit Zufriedenheit, sondern mit *Dankbarkeit*. In ärztlichen und pflegerischen Angelegenheiten schenken Patienten den behandelnden Personen Vertrauen und äußern sie ihre Dankbarkeit, wenn sich zeigt, dass dieses Vertrauen gerechtfertigt war. Als Ausdruck ihrer Dankbarkeit geben die Patienten oft ein Geschenk: Sie überreichen einen Blumenstrauß oder eine kleine Leckerei. Die Dankbarkeit kann sich nämlich nicht in der ad-

161 Vgl. Martin Hartmann (2011).

äquaten Bezahlung zeigen, sie braucht ein Mehr an Ausdruck – sie benötigt eine Gabe.

Diese Logik der Gabe ist überall dort im Spiel, wo Menschen des beabsichtigen Resultats wegen kooperieren müssen, das Resultat dieser Kooperation allerdings kein bloßes Produkt darstellt, für das einen Preis vertraglich festzulegen ist. Vertrauen und Geben sind also nicht nur Kennzeichen persönlicher Beziehungen, sondern sie sind für vielerlei Institutionen von großer Wichtigkeit. Auch wenn ihre Bedeutung sogar in ökonomischen Transaktionen nicht gering ist, sind sie in den Institutionen des Gesundheitswesens und der Wissenschaften wesentlich. Was der Soziologe Richard Münch über die Universitäten sagt, dürfte weitgehend auch auf die Institutionen des Gesundheitswesens zutreffen. Menschen, die sich in Sorge-Verhältnissen und in Wissenserwerbsverhältnissen begegnen, sollten ihre Beziehungen nicht restlos kapitalisieren und diese den Marktbedingungen[162] nicht gänzlich unterwerfen.

> „Es gehört zum Wesen der Gabe, das sie nicht durch das Interesse an direkter Entlohnung motiviert ist und auch nicht direkt entlohnt wird. Der Zusammenhang zwischen Gabe und Erwiderung ist von beiden Seiten nicht durch ein direktes Interesse motiviert, sondern durch gegenseitige Verbundenheit, Dankbarkeit und Verpflichtung.[…] Im Innenverhältnis ist also die Reziprozität von Gabe und Dankbarkeit das entscheidende Prinzip, das die eigenartige Verbindung von Kooperation und Wettbewerb, kollektiver Erkenntnissuche und individuellem Erfolgsstreben möglich macht, die produktiven Kräfte des Wettbewerbs freisetzt und dessen zerstörerischen Kräfte unter Kontrolle hält."[163]

Keineswegs handelt es sich bei der Verteidigung einer Logik der Gabe um eine totale Alternative zu marktstrategischem Verhalten oder um eine Geringschätzung ökonomisch interessierten Tuns. Das wäre naiv. Gerechtigkeit braucht Verteilung und Verteilung braucht Kalkulation. Aber es gibt Lebensverhältnisse, die sich gegen ein solches Handeln – irgendwann – sperren. Es ist das Leben selbst, das sich dagegen sperrt.

Es ist wichtig, sagt der Soziologe Hans Joas, „dass die Logik der Gabe nicht so gegen eine kalkulatorische Konzeption von Gerechtigkeit ins Feld geführt werden sollte, als fordere sie eine Stigmatisierung des Geldes, eine Abwertung des wirtschaftlichen Handelns und eine Rücknahme moderner

162 Vgl. Joseph Vogl (2010), S. 118ff.
163 Richard Münch (2011), S. 40ff.

Differenzierungen. Es geht vielmehr um ein unausweichliches Spannungsverhältnis. Wir haben nicht für die Logik der Gabe *oder* für die Logik des Warentausches zu entscheiden, sondern wir haben soziale Formen zu entwickeln oder zu bewahren, in denen begründet darüber entschieden werden kann, in welchen Bereichen zu welchem Grade welche Logik gelten soll. [...] Das heißt, dass es Grenzen der Monetarisierung und Kommodifizierung geben muss, diese Grenzen aber keine Problematik des Geldes und der Ware als solcher enthüllen. Die Grenze zeigt sich vielmehr überall dort, wo nur die freie Gabe den Sinn eines Aktes ermöglicht. Liebe und Freundschaft sind dafür die geläufigsten Beispiele. [...] Das Leben selbst als Gabe aufzufassen, stellt dann einen der stärksten Schutzwälle gegen seine Instrumentalisierung dar. Insofern steckt im Gedanken des Lebens als Gabe der Gedanke universaler Menschwürde und unveräußerlicher Menschenrechte."[164]

Aber auch in Verhältnissen der *Sorge* sind jene Grenzen der Monetarisierung und Kommodifizierung irgendwann erreicht. Die Motivation zu helfen nimmt bekanntlich ab einem gewissen Grad der Bezahlung für die geleisteten Dienste nicht länger zu. Im Gegenteil. Aber es ist das Leben selbst, das diese Grenzen offenbar hervorruft. Wir würden seinen intrinsischen Wert ernsthaft verletzen, wenn wir es restlos ökonomisierten. Menschliches Leben, so Immanuel Kant, „hat nicht bloß einen relativen Wert, d. i. einen Preis, sondern einen inneren Wert, d. i. Würde".[165] Der Preis eines Sachverhalts beruht demnach auf einem Vergleich, weshalb hier von einem „relativen Wert" die Rede ist. Um einen Preis festzulegen müssen wir vergleichen – mit anderen Produkten, mit der benötigten Herstellungszeit, mit der Nachfrage und anderen Faktoren. Das menschliche Leben spielt sich in nicht geringem Maße *auch* in solchen kalkulatorischen und komparativen Verhältnissen ab. Wir würden jedoch gerade seine *menschliche* Seite verfehlen, wenn wir uns entschieden, es diesen Verhältnissen gänzlich zu unterwerfen. Das menschliche Leben ist *letzten Endes unvergleichbar*. Es stellt kein Produkt dar. Marcel Hénaff spricht in diesem Zusammenhang von einem „Unschätzbaren". Das Unschätzbare wird von uns geschätzt, aber es lässt sich nicht schätzen.

> „Dennoch wissen wir", so Hénaff, „zumindest dunkel, dass etwas Widerstand leistet. Wir wissen, dass der Markt, so sehr er den Anspruch erhebt, dem Unschätzbaren einen Preis beizumessen, niemals dessen

164 Hans Joas (2011), S. 249.
165 Immanuel Kant (1965), AA 435.

> Wert wird angeben noch seine Unendlichkeit wird erfassen können. Wir wissen, dass keine kaufmännische Gleichung den Preis des Lebens, der Freundschaft, der Liebe oder des Leidens wird ausdrücken können; oder den der Güter des gemeinsamen Gedächtnisses. Oder den der Wahrheit. Wir wissen, ohne es gelernt zu haben, dass nur eine Beziehung bedingungsloser Großzügigkeit sich diesem Bereich dessen, was keinen Preis hat, zu nähern vermag."[166]

Großzügigkeit ist nur ein anderes Wort für Gabe – für die Bereitschaft, über das preisliche Maß hinauszugehen mittels Gesten der Freundschaft und der Zuwendung. Wenn wir in den Gesundheitswesen alles mit einem Preisschild ausstatteten, würden wir den Praktiken der Gabe einen ernsten Schaden zufügen. Ein instruktives Beispiel für eine solche Beschädigung hat Michael J. Sandel gegeben. Sandel bezieht sich in diesem Zusammenhang auf Studien, die das britische System der Blutspende, das auf der unbezahlten freiwilligen Spende beruht, mit dem amerikanischen vergleichen, wo kommerzielle Blutbanken dominieren, die ihre Spender bezahlen. Trotz der behaupteten größeren Effizienz des Marktes, so Sandel, schließe das amerikanische System signifikant schlechter ab als das britische: Es herrsche chronische Knappheit. Verschwendung sei an der Tagesordnung, die Kosten seien deutlich höher und kontaminiertes Blut sei keine Seltenheit.

Sandel zufolge ist es der Handel mit Blut, also der Blut*markt*, der dafür verantwortlich ist. Er zieht die Fairness in Mitleidenschaft und führt zur Korruption. Im amerikanischen System sind es die Armen, die spenden, weil sie dringend schnelles Geld benötigen. Sie sind es, die die Reichen mit dem nötigen Blut versorgen. Das System ist unfair. Darüber hinaus schwächt die Kommerzialisierung der Blutspende die Bereitschaft zu spenden: Die intrinsische Motivation, also die (befriedigende) moralische Überzeugung, die Blutspende sei gewissermaßen eine Tat der Nächstenliebe, geht verloren, sobald Menschen für ihre Spende Geld erhalten. Diese extrinsische Motivation tastet die intrinsische Motivation an. Sandel spricht unverblümt vom „zersetzende[n] Effekt des Geldes"[167].

In den sogenannten „behavioral economics" ist dieser „Verdrängungseffekt" wohlbekannt. In einigen Bereichen unseres Lebens – in der Erziehung, in den Gesundheitswesen, aber auch überall dort, wo Bürgerengagement eine wichtige Rolle spielt, und sogar bis in die Arbeitswelt selbst –,

166 Marcel Hénaff (2009), S. 35.
167 Michael J. Sandel (2012), S. 152.

nimmt die innere Motivation rapide ab, sobald die Tätigkeit mittels Marktprinzipien überformt wird. Das hat unmittelbare Folgen für das Angebot. Höhere finanzielle Anreize lassen das Angebot, anders als das Marktprinzip behauptet, nicht immer wachsen. Das Gegenteil scheint der Fall zu sein. Im Grunde finde eine *Entwertung* der Blutspende statt: das Blut verliere seinen Wert, d. i. seine Bedeutung, meint Sandel.

Dieses Blut-Beispiel lässt sich mit Blick auf die Gesundheitswesen als ‚pars pro toto' betrachten. Dessen weitgehende *Vermarktung* würde die Wertigkeit der dort Behandelten angreifen, denn ihre Behandlung wäre unweigerlich monetarisiert. Patienten, die zu Kunden geworden sind, werden dann als Kosten- und Gewinnfaktoren betrachtet. Die Behandelnden ihrerseits würden sich primär als Akteure in einem Firmengeflecht verstehen, deren Leistungen in der Hauptsache einer finanziellen Matrix unterworfen wären. Die Gabe wäre dann als Investition verstanden, die Freundschaft als geschäftsdienliche ‚performance'.

Erneut möchten wir an dieser Stelle davor warnen, die Logik der Gabe als strikte Opposition gegen die Logik ökonomischen Handelns zu begreifen. Das wäre eine verhängnisvolle Verkürzung. Darüber hinaus muss die Logik der Gabe, falls sie kein leeres Gerede bleiben soll, in Regeln der Gerechtigkeit weiter dekliniert werden. Sonst bliebe sie ein Alibi. Paul Ricoeur hat diese Relation – die zwischen Gabe und Gerechtigkeit – eindringlich und genau umschrieben. „Wenn die Übermoral", und damit ist die Moral der Gabe gemeint, „nicht zur Unmoral, sprich zur Feigheit werden soll", so Ricoeur, „dann muss sie dem Grundsatz der Moralität genügen, wie er in der Goldenen Regel verfasst und in der Forderung nach Gerechtigkeit formalisiert ist. Aber die Umkehrung ist ebenso wahr. In dieser wechselseitigen lebendigen Spannung zwischen der Logik der Überfülle und der Logik der Entsprechung gewinnt die letztere aus ihrer Konfrontation mit der ersten die Fähigkeit, sich über ihre perversen Interpretationen zu erheben."[168]

Die Gabe wäre demnach mit einer *Haltung* der Großzügigkeit verbunden, die aus einer „Überfülle" schöpft, motiviert durch die Überzeugung, dass Menschen gebende Wesen sein können, sobald sie mit dem Leiden anderer konfrontiert werden. Was bei Aristoteles einen Politik der Freundschaft hieß, wäre dann die Übersetzung jener „Logik der Überfülle" in eine „Logik der Entsprechung", in das *Regelgeflecht* der Gerechtigkeit. In etwas anderen Begriffen hat auch Jacques Derrrida dieses Verhältnis dargelegt. Er spricht von einem „unbedingten Gesetz der Gastfreundschaft" und den

168 Paul Ricoeur (1990), S. 57f.

„bedingten Gesetzen der Gastfreundschaft". Das erste, das unbedingte Gesetz, beinhaltet gewissermaßen die Tugend der Gabe. Die letzteren sind die Verkörperungen dieser Tugend in die Normen der Gerechtigkeit.

> „Doch obgleich es über den Gesetzen der Gastfreundschaft steht, braucht *das* unbedingte Gesetz der Gastfreundschaft *die* Gesetze, es *erfordert* sie. Diese Forderung ist konstitutiv. Das Gesetz wäre nicht wirklich unbedingt, wenn es nicht wirklich, konkret, bestimmt *werden müsste*, wenn darin nicht sein Sein als ein Sein-müssen bestünde. Es würde Gefahr laufen, abstrakt, utopisch, illusorisch zu sein und sich somit in sein Gegenteil zu verkehren. Um zu sein, was es ist, bracht *das* Gesetz *die* Gesetze, die es dennoch negieren, die es jedenfalls bedrohen, bisweilen korrumpieren oder pervertieren. [...] Umgekehrt würden die bedingten Gesetze aufhören, Gesetze der Gastfreundschaft zu sein, wenn sie nicht vom Gesetz der unbedingten Gastfreundschaft geleitet, inspiriert, verlangt, ja eingefordert würden."[169]

Am Ende dieses Kapitel kommen wir noch einmal zurück auf die Gründe, die wir haben sollten, uns unter die Gebenden zu mischen, zu Menschen der Gabe zu werden. Unsere Überlegungen über die Sorge und über die Konditionen der Gesundheit haben uns immer wieder mit dem Sachverhalt konfrontiert, dass wir in etlichen Perioden unseres Lebens abhängig von anderen sind. Wir leben dann in asymmetrischen Verhältnissen. Diese Abhängigkeit sollten wir anerkennen.[170] In ihr wurzelt die Logik des Gebens. Als beschenkte Wesen haben wir angefangen, als solche, die in den Genuss einer anfänglichen Gabe gekommen sind. „Unsere Gabe", so schreibt Antoon Vandevelde, „ist nie eine erste Gabe. Es gibt immer eine Gabe, die unserem Geben vorangeht, auch wenn das nur die Gabe des Lebens selbst wäre. [...] Wir haben das Leben empfangen und noch soviel mehr: unsere Sprache, Erziehung, Chancen. Letztere sind nicht gut verteilt worden, aber dennoch. Der Kontext, in dem wir leben, haben wir nicht selber hergestellt, denn er ist uns gegeben worden. Unser Geben ist demnach immer ein Zurückgeben oder hin und wieder, wenn das nicht möglich ist, ein Weitergeben."[171] In unserem Gesundheitswesen sollte das unbedingte Gesetz der Gastfreundschaft nicht fehlen. Die Gabe sollte kein Fremdwort sein. Die Arbeit an den Gesetzen, die daraus folgen, steht noch aus.

---

169 Jacques Derrida (2000), S. 62.
170 Vgl. Alasdair McIntyre (2001).
171 Antoon Vandevelde (2013), S. 140. Übersetzung von Jean-Pierre Wils.

Bibliographie

Anders, Günther, *Die Antiquiertheit des Menschen. Erster Band. Über die Seele im Zeitalter der zweiten industriellen Revolution (1956)*, München 1980.

Ariès, Philippe, *Geschichte des Todes*, München 1980.

Aristoteles, *Eudemische Ethik*, Darmstadt 1984.

Aristoteles, *Politik*, München 1973.

Atzeni, Gina, Wer gefährdet hier welche Gesundheiten? Das Selbstbild der Ärzte, in: *Kursbuch 175, Sept. 2013*, 68-82.

Balibar, Étienne, *Gleichfreiheit. Politische Essays*, Berlin 2012.

Banerjee, Abhijit/Duflo, Esther, *Poor Economics. Plädoyer für ein neues Verständnis von Armut*, München 2012.

Baumann-Hölzle, Ruth, *Autonomie und Freiheit in der Medizinethik: Immanuel Kant und Karl Barth*, Freiburg/München 1999.

Beauchamp, Tom. L./Childress, James F., *Principles of Biomedical Ethics*, New York/ Oxford Press 1994.

Bernard, Andreas, *Komplizen des Erkennungsdienstes. Das Selbst in der digitalen Kultur*, Frankfurt a. Main 2017.

Birnbacher, Dieter, Patientenautonomie und ärztliche Ethik am Beispiel der prädikativen Diagnostik, in: *Jahrbuch für Wissenschaft und Ethik*, Bd. 2 (1997).

Böhlke, Nils, e .a., *Privatisierung von Krankenhäusern. Erfahrungen und Perspektiven aus Sicht der Beschäftigten*, Hamburg 2009.

Blumenberg, Hans, Das Verhältnis von Natur und Technik als philosophisches Problem, in: *Schriften zur Technik*, hg. von A. Schmitz und B. Stiegler, Berlin 2015, 17-29.

Blumenberg, Hans, Der kopernikanische Umsturz und die Weltstellung des Menschen. Eine Studie zum Zusammenhang von Naturwissenschaft und Geistesgeschichte, in: *Schriften zur Technik*, hg. von A. Schmitz und B. Stiegler, Berlin 2015, 60-85.

Blumenberg, Hans, ‚Nachahmung der Natur'. Zur Vorgeschichte der Idee des schöpferischen Menschen, in: *Schriften zur Technik*, hg. von A. Schmitz und B. Stiegler, Berlin 2015, 86-125.

Böhlke, Niels e. a., (Hrsg.), *Privatisierung von Krankenhäusern. Erfahrungen und Perspektiven aus Sicht der Beschäftigten*, Hamburg 2009.

Boltanski, Luc/Chiapello, Ève, *Der neue Geist des Kapitalismus*, Konstanz 2003.

Boorse, Christopher, A Rebuttel on Health, in: *What is Disease?*, ed. J. M. Humber/R. F. Aldemer, New Jersey 1983, 1-134.

Boorse, Christopher, Health as a Theoretical Concept, in: *Philosophy of Science* (44, 1977), 542-573.

Boorse, Christopher, On the Distinction between Disease and Illness, in: *Philosophy and Public Affairs*, vol. 5, no 1 (1975). 49-68.

Bourdieu, Pierre, *Praktische Vernunft. Zur Theorie des Handelns*, Frankfurt a. Main 1998.

Bröckling, Ulrich, *Das unternehmerische Selbst. Soziologie einer Subjektivierungsform*, Frankfurt a. Main 2007.

Bröckling, Ulrich, Der Mensch als Akku, die Welt als Hamsterrad. Konturen einer Zeitkrankheit, in: *Leistung und Erschöpfung. Burnout in der Wettbewerbsgesellschaft*, hg. von S. Neckel und G. Wagner, Berlin 2013, 179-200.

Budrys, Grace, *Unequal Health: How Inequity Contributes to Health or Illness*, Oxford 2003.

Buyx, Alena M., Eigenverantwortung als Verteilungskriterium im Gesundheitswesen – Theoretische Grundlagen und praktische Umsetzung, in: Oliver Rauprich e. a. (Hrsg.), *Gleichheit und Gerechtigkeit in der modernen Medizin*, Paderborn 2005, 315-334.

Caillé, Alain, *Anthropologie der Gabe*, Frankfurt a. Main 2008.

Callahan, David, The WHO Definition of Health, in: *Bioethics*, Ed. R. B. Edwards/ G. C. Graber, San Diego 1988, 257-266.

Chomsky, Noam, *Was für Lebewesen sind wir?*, Berlin 2016.

Därmann, Iris, *Theorien der Gabe*, Hamburg 2010.

Demuth, Volker, *Der nächste Mensch*, Berlin 2018.

Derrida, Jacques, *Politik der Freundschaft*, Frankfurt a. Main 2000.

Derrida, Jacques, *Von der Gastfreundschaft*, Wien 2001.

Descartes, René, *Von de Methode/Discours de la Méthode*, Hamburg 1960.

Duflo, Esther, *Kampf gegen die Armut*, Berlin 2013.

Elias, Norbert, *Über den Prozess der Zivilisation. Wandlungen der Gesellschaft. Entwurf zu einer Theorie der Zivilisation Bd. II*, Frankfurt a. Main 1997.

Engelhardt, H. Tristram jr., Ideology and Etiology, in: *Journal of Medicine and Philosophy*, vol.1, no 3 (1976), 256-268.

Engelhardt, H. Tristram jr., The Concepts of Health and Disease, in: ders., e. a., *Evaluation and Explanation in the Biomedical Sciences*, Dordrecht 1975, 125-141.

Gadamer, Hans-Georg, *Über die Verborgenheit der Gesundheit*, Frankfurt a. Main 1993.

Gumbrecht, Hans Ulrich, *Unsere breite Gegenwart*, Berlin 2010.

Groys, Boris/Hansen-Löve, Aauge (Hrsg.), *Am Nullpunkt. Positionen der russischen Avantgarde*, Frankfurt a. Main 2005.

Flascher, Hellmut, *Hippokrates. Meister der Heilkunst*, München 2016.

Foucault Michel, Die „Gouvernementalität", in: U. Bröckling e. a. (Hrsg.), *Gouvernementalität der Gegenwart. Studien zur Ökonomisierung des Sozialen*, Frankfurt a. Main 2000, 41-67.

Foucault, Michel, *Geschichte der Gouvernementalität II. Die Geburt der Biopolitik*, Frankfurt a. Main 2004.

Frankfurt, Harry G., *Gründe der Liebe*, Frankfurt a. Main 2005.

Frankfurt, Harry G., *Sich selbst ernst nehmen*, Frankfurt a. Main 2007.

Frühbauer, Johannes J., "Komplexe Gleichheit" – Michael Walzers Egalitarismuskritik und die Frage nah einer gerechten Gesundheitsversorgung, in: O. Rauprich e. a. (Hrsg.), *Gleichheit und Gerechtigkeit in der modernen Medizin*, Paderborn 2005, 67-84.

Gadamer, Hans-Georg, *Über die Verborgenheit der Gesundheit*, Frankfurt a. Main 1993.

Gerlinger, Thomas, Wettbewerb und Privatisierung. Über den Wandel von Gesundheitssystemen, in: *Kursbuch 175, Sept. 2003*, 170-182.

Geyer, Siegfried, Die Reduzierung gesundheitlicher Ungleichheiten: Wie weit können wir gehen, wie weit sollen wir gehen, wie weit dürfen wir gehen?, in: S. Huster/Th. Schramme (Hrsg.), *Normative Aspekte of Public Health. Interdisziplinäre Perspektiven*, Baden-Baden 2016, 97-112.

Greaves, David, Concepts of Health, Illness and Disease, in: *Philosophical Problems in Health Care*, ed. D. Greaves/H. Epton, Aveburgy 1996, 71-86.

Große Kracht, Hermann-Josef, Kontraktualistische Vernunft – quo vadis? Zu Aktualitätsprofil und Theoriekontext der Rede vom ‚Gesellschaftsvertrag', in: K. Gabriel e. a. (Hrsg.), *Brauchen wir einen neuen Gesellschaftsvertrag?*, Wiesbaden 2005, 9-35.

Groys, Boris/Hansen-Löve Aage, *Am Nullpunkt. Positionen der russischen Avantgarde*, Frankfurt a. Main 2005.

Gumbrecht, Hans Ulrich, *Diesseits der Hermeneutik. Die Produktion von Präsenz*, Frankfurt a. Main 2004.

Hampe, Michael, *Die Lehren der Philosophie. Eine Kritik*, Berlin 2014.

Han, Byung-Chul, *Was ist Macht?*, Stuttgart 2010.

Harari, Yuval Noah, *Homo Deus. Eine Geschichte von Morgen*, München 2017.

Hartmann, Martin, *Die Praxis des Vertrauens*, Berlin 2011.

Hénaff, Marcel, *Der Preis der Wahrheit. Gabe, Geld und Philosophie*, Frankfurt a. Main 2009.

Herold, Norbert, Der Gesellschaftsvertrag – eine Idee der Vernunft, in: K. Gabriel e. a. (Hrsg.), *Brauchen wir einen neuen Gesellschaftsvertrag?*, Wiesbaden 2005, 91-110.

Huber, Machteld, e. a., How should we define Health?, *The British Medical Journal*, vol. 343, no 7817 (2001), 41-63.

Hucklenbroich, Peter, Die Wissenschaftstheorie des Krankheitsbegriffs, in: Th. Schamme (Hrsg.), *Krankheitstheorien*, Frankfurt a. Main 2012, 135-158.

Huster, Stefan, Grundversorgung und soziale Gerechtigkeit im Gesundheitswesen, in: O. Rauprich e. a. (Hrsg.), *Grleichheit und Gerechtigkeit in der modernen Medizin*, Paderborn 2005, 187-212.

Huster, Stefan/Schramme, Thomas, Normative Aspekte der staatlichen Gesundheitsfürsorge, in: Huster, S./Schramme, Th. (Hrsg.), *Normative Aspekte von Public Health. Interdisziplinäre Perspektiven*, Baden-Baden 2016, 37-57.

Huster, Stefan, *Selbstbestimmung, Gerechtigkeit und Gesundheit. Normative Aspekte von Public Health*, Würzburger Vorträge zur Rechtsphilosophie, Rechtstheorie und Rechtssoziologie 49, Baden-Baden 2015.

Huster, Stefan, *Soziale Gesundheitsgerechtigkeit. Sparen, umverteilen, vorsorgen?*, Berlin 2011.

Hoffmann-Axthelm, Dieter, *Die dritte Stadt. Bausteine eines neuen Gründungsvertrages*, Frankfurt a. Main 1993.

Joas, Hans, *Die Sakralität der Person. Eine neue Genealogie der Menschenrechte*, Berlin 2011.

Jonas, Hans, *Das Prinzip Verantwortung. Versuch einer Ethik für die technologische Zivilisation*, Frankfurt a. Main 1979.

Kaelin, Lukas, Die Dialektik des Fortschritts und die Freiheit des Individuums, in: W. Schaupp e. a. (Hrsg.), *Medizin – Macht – Zwang. Wie frei sind wir angesichts des medizinischen Fortschritts?*, Baden-Baden 2016, 91-103.

Kant, Immanuel, *Grundlegung zur Metaphysik der Sitten*, hg. von Karl Vorländer, Hamburg 1965.

Kesel, Marc De, *Niets dan liefde. Het vileine wonder van de gift*, Amsterdam 2012.

Kettner, Matthias, Kann Ökonomisierung gut und muss Kommerzialisierung schlecht sein?, in: F. Heubel e. a. (Hrsg.), *Die Privatisierung von Krankenhäusern. Ethische Perspektiven*, Wiesbaden 2010, 117-132.

Kipke, Roland, Wie wollen wir leben? Vom Freiheitspotential der Reflexion über das gute Leben im Umgang mit der Medizin, in: W. Schaupp e. a. (Hrsg.), *Medizin – Macht – Zwang. Wie frei sind wir angesichts des medizinischen Fortschritts?*, Baden-Baden 2016, 105-118.

Kirchgässner, Gebhard, *Homo Oeconomicus*, Tübingen (3. Auflage) 2008.

Kutschera, Franz von, *Die Idee der Autonomie in de neuzeitlichen Geistesgeschichte*, Münster 2016.

Ladd, John, The Concepts of Health and Disease and their Ethical Implications, in: *Bioethics*, R. B. Edwards/G. C. Graber (Ed.), San Diego 1988, 275-281.

Lemke, Thomas, Die Regierung der Risiken. Von der Eugenik zur genetischen Gouvernementaliltät, in: U. Bröckling e. a., *Gouvernementalität der Gegenwart. Studien zur Ökonomisierung des Sozialen*, Frankfurt a. Main 2000, 227-256.

Lenk, Christian, Gesellschaftsvertrag und Recht auf öffentliche Gesundheitsversorgung, in: F. Heubel e. a., *Die Privatisierung von Krankenhäusern. Ethische Perspektiven*, Wiesbaden 2010, 101-115.

Lenk, Christian, Worin könnte eine „medizinische Grundversorgung" bestehen? Überlegungen aus medizinethischer Perspektive, in: Oliver Rauprich e. a. (Hrsg.), *Gleichheit und Gerechtigkeit in der modernen Medizin*, Paderborn 2005, 247-266.

Lenz, Petra, Gesundheit und Krankheit, in: *Handbuch angewandter Ethik*, R. Stoecker e.a. (Hrsg.), Stuttgart 2011, 389-393.

Lessenich, Stephan, *Neben uns die Sintflut. Die Externalisierungsgesellschaft*, Berlin 2016.

Lévi-Strauss, Claude, *Anthropologie in der modernen Welt*, Berlin 2012.

Lobe, Adrian, Die Informatik der Herrschaft, in: *Die Zeit*, 28. Dezember 2017, 46.

Lütz, Manfred, Auf Gedeih und Gesundheit! Über Risiken und Nebenwirkungen einer neuen Religion, in: *Kursbuch 175, Sept. 2013*, 26-37.

Lupton. Deborah, Persönlich verantwortlich. Gesundheit im digitalen Zeitalter, in: *Kursbuch 175, Sept. 2013*, 154-169.

Maasen, Sabine, Gut ist nicht gut genug. Selbstmanagement und Selbstoptimierung als Zwang und Erlösung, in: *Besser Optimieren*, *Kursbuch 171 Juni 2012*, 144-156.

Mabey, Richard, *Die Heilkraft der Natur*, Berlin 2018.

Marckmann, Georg, Eigenverantwortung als Rechtfertigungsgrund für ungleiche Leistungsansprüche in der Gesundheitsversorgung?, in: O. Rauprich e.a. (Hrsg.), *Gleichheit und Gerechtigkeit in der modernen Medizin*, Paderborn 2005, 299-314.

MacIntyre, Alasdair, *Die Anerkennung der Abhängigkeit. Über menschliche Tugenden*, Hamburg 2001.

Mauss, Marcel, *Die Gabe*, Frankfurt a. Main 1968.

Meyer-Abich, Klaus Michael, *Was es bedeutet, gesund zu sein. Philosophie der Medizin*, München 2010.

Meyer-Drawe, Käte, *Menschen im Spiegel ihrer Maschinen*, München 1996.

Mill, John Stuart, *Der Utilitarismus*, Stuttgart 1976.

Mill, John Stuart, *Über die Freiheit*, Stuttgart 1988.

Möllers, Christoph, *Demokratie. Zumutungen und Versprechen*, Berlin 2009.

Münch, Richard, *Akademischer Kapitalismus. Über die politische Ökonomie der Hochschulreform*, Berlin 2011.

Nachtwey, Oliver, *Die Abstiegsgesellschaft. Über das Aufbegehren in der regressiven Moderne*, Berlin 2018.

Nassehi, Armin, Eine Kritik des gesunden Menschenverstandes. Oder: Krankheit als Chance, in: *Kursbuch 175, Sept. 2013, 52-67.*

Nesse, Randolph M., On the Difficulty of Defining Disease: A Darwinian Perspective, in: *Medicine, Health Care and Philosophy* (4) 2001, 37-46.

Nida-Rümelin, Julian, *Demokratie und Wahrheit*, München 2006.

Nida-Rümelin, Julian, *Digitaler Humanismus. Eine Ethik für das Zeitalter der Künstlichen Intelligenz*, München 2018.

Nida-Rümelin, Julian/Weidenfeld, Nathalie, *Digitaler Humanismus. Eine Ethik für das Zeitalter der Künstlichen Intelligenz*, München 2018.

Niehoff, Jens-Uwe/Braun, Bernhard, *Sozialmedizin und Public Health*, 2. Auflage, Baden-Baden 2010.

Nordenfeld, Lennart, *Talking about Health: A Philosophical Dialoge*, Amsterdam 1997.

Nordenfeld, Lennart, The Concepts of Health and Disease Revisited, in: *Medicine, Health Care & Philosophy* (10) 2007, 5-10.

Nussbaum, Marta C., *Die Grenzen der Gerechtigkeit. Behinderung, Nationalität und Spezieszugehörigkeit*, Frankfurt a. Main 2010.

O'Conell, Mark, *Unsterblich sein. Reise in die Zukunft des Menschen*, München 2017.

O'Neill, John, *Die fünf Körper. Medikalisierte Gesellschaft und Vergesellschaftung des Leibes*, München 1990.

Plessner, Helmuth, *Grenzen der Gemeinschaft. Eine Kritik des sozialen Radikalismus (1924)*, Frankfurt a. Main 2001.

Polanyi, Karl, *The Great Transformation. Politische und ökonomische Ursprünge von Gesellschaften und Wirtschaftssystemen* (1944), Berlin 2017.

Prado, Plìnio, *Das Prinzip Universität*, Zürich 2010.

Reckwitz, Andreas, *Die Erfindung der Kreativität. Zum Prozess gesellschaftlicher Ästhetisierung*, Berlin 2012.

Reckwitz, Andreas, *Die Gesellschaft der Singularitäten. Zum Strukturwandel der Moderne*, Berlin 2017.

Richter, Sandra, *Mensch und Markt. Warum wir den Wettbewerb fürchten und ihn trotzdem brauchen*, Hamburg 2012.

Ricoeur, Paul, *Liebe und Gerechtigkeit*, Tübingen 1990.

Rössler, Beate, *Autonomie. Ein Versuch über das gelungene Leben*, Berlin 2017.

Rolle, Robert, *Homo oeconomicus. Wirtschaftsanthropologie in philosophischer Perspektive*, Würzburg 2005.

Rubrech, Corinna, *Verteilungsgerechtigkeit im Gesundheitswesen. Eine ethische Auseinandersetzung mit der Rationalisierungsdebatte*, Paderborn 2016.

Sandel, Michael J., *Gerechtigkeit. Wie wir das Richtige tun*, Berlin 2013.

Sandel, Michael J., *Was man für Geld nicht kaufen kann. Die moralischen Grenzen des Marktes*, Berlin 2012.

Saul, John Ralston Saul, Een grammatica van burgerschap, in: *Nexus 2008, Nr. 50*, Tilburg 2008, 633-656.

Schlögel, Karl, *Grenzland Europa. Unterwegs auf einem neuen Kontinent*, München 2013.

Schmidt, Volker H., Ausweitung der Gesundheitszone: Medizin- und Gesundheitssystem als Agenten von Medikalisierungs- und Vergesundheitlichungsprozessen, in: S. Huster./Th.Schramme (Hrsg.), *Normative Aspekte von Public Health. Interdisziplinäre Perspektiven*, Baden-Baden 2016, 11-28.

Schmidt-Semisch, Henning, Selber schuld. Skizzen versicherungsmathematischer Gerechtigkeit, in: U. Bröckling e. a. (Hrsg.), *Gouvernementalität der Gegenwart. Studien zur Ökonomisierung des Sozialen*, Frankfurt a. Main 2000, 168-193.

Schramme, Thomas, Classic Concepts of Disease, in: K. Heggenhougen,/St. Quah (Hrsg.), *International Encyclopedia of Public Health*, Vol. 1, San Diego 2008, 726-733.

Schweizer Akademie der Medizinischen Wissenschaften, *Ziele und Aufgaben der Medizin zu Beginn des 21. Jahrhunderts. Bericht einer Expertinnengruppe der Schweizer Akademie der Medizinischen Wissenschaften (SAMW), der Verbindung Schweizer Ärztinnen und Ärzte (FMH) sowie der fünf Medizinischen Fakultäten, Projekt „Zukunft Medizin Schweiz“*, Basel 2004.

Simmel, Georg, *Philosophie des Geldes*, Gesamtausgabe Bd. 6, Frankfurt a. Main 1989.

Sloterdijk, Peter, *Die nehmende Hand und die gebende Seite*, Berlin 2010.

Sloterdijk, Peter, *Zorn und Zeit. Politisch-psychologischer Versuch*, Berlin 2006.

Sontag, Susan, *Krankheit als Metapher*, München/Wien 1978.

Stollberg, Gunnar, Was ist Gesundheit? Auf den Spuren eines lädierten Begriffs, in: *Kursbuch 175, Sep. 2013*, 8-25.

Stuckler, David/Basu, Sanjay, *The Body Economic. Why Austerity Kills*, New York 2013.

Thamer, Hans-Ulrich, Sozialstaat und Gesellschaftsvertrag. Historische Anmerkungen zu einer aktuellen Debatte, in: K. Gabriel e. a. (Hrsg.), *Brauchen wir einen neuen Gesellschaftsvertrag?*, Wiesbaden 2005, 9-35

Tönnies, Ferdinand, *Gemeinschaft und Gesellschaft*, Darmstadt 2005.

Vandevelde, Antoon, *Het geweld van geld. De ziel van de economie*, Leuven 2013.

Virilio, Paul, *Die Eroberung des Körpers. Vom Übermenschen zum überreizten Menschen*, München/Wien 2004.

Vogl, Joseph, *Das Gespenst des Kapitals*, Zürich 2010.

Vosman, Frans, *Overleven als levensvorm. Zorgethiek als kritiek op het ideaal van het ‚geslaagde leven‘*, Utrecht 2018.

Walzer, Michael, *Sphären der Gerechtigkeit. Ein Plädoyer für Pluralität und Gleichheit*, Frankfurt a. Main/New York 2006.

Walzer, Michael, Von dichter und dünner Solidarität. Moralische Streitfragen daheim und in der Fremde, in: *Lokale Kritik – globale Standards*, Hamburg 1996, 9-135.

Wehling, Elisabeth, Die Gute Gesellschaft braucht die Gute Sprache, in: C. Kellermann/H. Meyer (Hrsg.), *Die Gute Gesellschaft. Soziale und demokratische Politik im 21. Jahrhundert*, Berlin 2013, 121-133.

Wikler, Daniel, Personal and Social Responsibiilty for Health, in: O. Rauprich e. a. (Hrsg.), *Gleichheit und Gerechtigkeit in der modernen Medizin*, Paderborn 2005, 269-299.

Wilkinson, Richard/Pickett, Kate, *Gleichheit ist Glück. Warum gerechte Gesellschaften für alle besser sind*, Frankfurt a. Main 2012.

Wils, Jean-Pierre/Baumann-Hölzle, Ruth, *Sinn und Zukunft des Gesundheitswesens. Wege aus der Vertrauenskrise. Ein philosophischer Kommentar in praktischer Absicht*, Zürich/Basel/Genf 2013.

Zuboff, Shoshana, *Das Zeitalter des Überwachungskapitalismus*, Frankfurt a. Main/New York 2018.

Zeitfracht Medien GmbH
Ferdinand-Jühlke-Straße 7
99095 Erfurt, Deutschland
produktsicherheit@kolibri360.de